説教の聴き方

朝岡 勝
Asaoka, Masaru

語られ、
聴かれ、
生きられるみことば

教文館

はじめに——説教したがる説教者？

コロナ・パンデミックが始まり、巣ごもり状態の続いていた頃のことです。大学卒業後、次なる進路について迷い悩みながらしばらく自宅で過ごしていた娘と、週に一度、読書会をすることにしました。毎週木曜日の夜の一時間半ほどの時間、一冊の本を一頁ずつ交互に声に出して音読し、それからしばらく振り返り、感想を言い合ってお祈りして終わる。一冊を読み終えると「次はどうする？」と相談し、新しい本を注文する。それを読み終えるとまた次を決めて読み進める。そんな緩やかな読書会が始まったのです。

この時間が娘にとってどういう意味を持ったかはわかりません。しかし少なくとも私にとっては貴重な時間でした。娘と一緒に本を読むということ自体がうれしいことでしたが、それとともに、フェミニズムやジェンダーに関する本を読み、論じ合うことで、自分の中に欠落していた視点や知識、娘の抱いている問題意識や最近の関心事などを知るきっかけにもなったのです。

最初の頃に選んだ数冊のうちの一冊が、米国の作家、そしてアクティヴィストでもあるレベッカ・ソルニットのエッセイ集、『説教したがる男たち—— Men Explain Things to Me』（ハーン小路恭子訳、左右社、二〇一八年）でした。三・一一震災後に同じ著者の『災害ユートピア——なぜそのとき特別な共同体が立ち上がるのか』（高月園子訳、亜紀書房、二〇一〇年）を読んで関心のある書き手だったことや、ちょうどこの本が話題になっていたこともあり、まずは読んでみようということになったのでした。

こうしてこの本を娘と一緒に読み始めたのですが、初回から五〇代男性の私にはグサグサと刺さる痛みと、身につまされる居心地の悪さを通して、まさに自分自身が問われることとの連続の読書となりました。本の内容もさることながら、読書後の娘との対話を通して、二〇代前半の女性としてこれまで感じてきたさまざまな不条理感や問題意識、あまり思い出したくないような経験、「教会」が持っている同じような感覚への問題提起も含めて、率直に感想を分かち合ってくれた、実に貴重な読書経験となったのです。

続けてソルニットの『それを真の名で呼ぶならば——危機の時代と言葉の力』（渡辺由佳里訳、岩波書店、二〇二〇年）、『わたしたちが沈黙させられるいくつかの問い—— The Mother of All Questions』（ハーン小路恭子訳、左右社、二〇二一年）などを読み、その後、何冊ぐらいの本を読んだでしょうか。やがて私の転任に伴う転居やコロナ終息もあって、読書会も自然消滅（もしくは活動中断状態）し、その後、娘は出版社に勤めるようになり、今は編集者の卵として歩み始めています。

さて、長々と個人的なことを書いてしまいましたが、問題は最初に紹介したレベッカ・ソルニットの『説教したがる男たち』です。同書の最初のエピソードは著者自身があるパーティーで経験したことから始まります。

テーブルに着いた時、隣り合わせになった男性が、彼女が作家であると知って「どんな本を書いているのか」と質問する。彼女が一番最近の著書で取り上げたある人物の名前を挙げるやいなや、その男性は彼女の話を遮って、その人物について最近出た「とても重要（インターポイント）な書物を知っているかね」と言い、その後「男はすでにそのとてもインターポイントな本とやらについて、ああだこうだとまくし立てていた。——その表情にはすごく既視感があった——はるか彼方までおよぶ自分の権威、そのぼんやり霞む地平線をじっと見つめながら滔々と長話をする男の、自己満足しきった表情。……ミスター・インターポイント氏が、私が当然知っているべき本について自慢げに語っていると、サリーが『それ、彼女の本ですけど』と割って入った。というか、とにかく男を黙らせようとした。だが彼は聞いちゃいなかった。『だからそれ、彼女の本ですって』とサリーが三、四度繰り返したところで、ようやく彼は理解した。そして十九世紀小説の登場人物かなにかのように青ざめた。とても重要な本（といっても実際には読んでもいなくて、二、三か月間にニューヨークタイムズの書評欄で見ただけに違いないけど）その本の著者が私だったという事実は、彼の

『物事が整然と分類された世界』をめちゃめちゃにしてしまったらしい。彼はショックで口も利けないほどだった」（『説教したがる男たち』七－九頁）。

この笑うに笑えない、しかし実にありがちなエピソードを紹介した後、ソルニットはこう言います。「徹底して無知でありながら、完璧で挑戦的なまでの自信に満ちた態度というのは、私の経験では、特定のジェンダーと結びついている。男たちは私に、そしてほかの女たちに、説教したがる。自分が何を言っているかよくわかっていなくても、そういう男は存在する。女性なら覚えがあるだろう。どんな分野でも、ある先入観のせいで物事がうまく運ばないことがある。どんなに頑張っても、話すことも、自分の言うことを聞いてもらおうとすることも、ままならない。ストリートで起こるハラスメントと同じように、ここは女の居場所ではないと教えることで、若い女性たちの意思を打ち砕き、沈黙に落とし入れる、あの先入観。私たちは自分を疑うようになり、自己の限界を思い知らされ、一方で、男たちの根拠のない自己過剰を助長する」（同書、一二頁）。

こういった現象は、今では「Man（男性）」と「Explain（説明する）」を組み合わせた「マンスプレイニング（Mansplaining）」（主に男性が女性に対して、無知または特定の分野に詳しくないと決めつけて、見下すように何かを解説したり、知識をひけらかしたりすることを指す造語）と表現されるようになり、社会でも定着した用語になっています。とにかく女性は無知だと決めつけて、相手に「上から目線」で教えたがる、説教したがる男たち、そして結果的にことばを呑み込み、話す場を奪われ、沈黙させられる女性たち。いくら有能で、知識とそれを生かす力を持っていても、「女性である」という理由だけで「教えられる存在、助けを必要とされる存在、力を発揮する場が失われる存在」とされてしまう。このエピソードは、二〇〇四年頃にソルニットが経験した出来事を、二〇〇八年にエッセイとして発表して大きな話題となり、そこから派生した用語「マンスプレイニング」は二〇一〇年度のニューヨークタイムズ紙の「今年の言葉」に選出されたそうです。

本書においては、ジェンダーとそれにまつわるさまざまな問題、現象、またジェンダーに限らずさまざまな場面で登場する「マイクロアグレッション（Microaggression）」（本人に自覚のないままに用いる、さまざまな差別意識やそれに基づく言動を指す用語）の問題を直接に扱うわけではありません。これらは教会で正面から扱われる必要のある重要なテーマであり、本書で扱おうとする事柄もこれらの問題とまったく無関係に論じることができないのですが、ともかく本書の関心とする主題は、教会における「説教者」と「聴き手」との関係性についてです。

ソルニットの言葉を借りれば、牧師、説教者の存在が「説教したがる牧師たち」、「説教したがる説教者たち」になってしまっているのではないか、という問題です。「相手を無知だと決めつけ」、「上から目線で」、「説教したがること」、この問題は、特定のジェンダー観と結びつく問題であるとともに、「説教者・牧師」と「説教の聴き手・信徒」の関係性とも結びつき、また「男性牧師と女性牧師」、「男性説教者と聴衆」、「女性説教者と聴衆」、「経験豊かな説教者と経験の浅い説教者」など、さまざまな問題のバリエーションを持っています。

かつてこんな経験をしたことがありました。まだ岡山の教会で駆け出しの伝道師時代、教会の特別集会に講師として同じ教団のベテラン牧師が招かれました。ちょっとした休憩時間に主任牧師と講師が牧師室で歓談している場に、「あなたもいらっしゃい」と声をかけられ、少々緊張しつつその輪に加わりました。その時、講師の先生が独り言のようにこんなことを言われたのです。「最近の若い牧師たちは、教えたがるのが多くて困る」。

「独り言のように」といっても、それは明らかに私を意識して語られたことばでした。しかし私はその時、言われた意味がよくわかりませんでした。「神さまに召されて、神学校で学んで、教会に遣わされて、みことばを語り、教理を教える教師になったのだから、教えるのは当然の務めであり、責任であるのに、なぜ?」と思ったのです。

しかし後になって「教えたがる」と言われた意味が、だんだんとわかってくるようになりました。若い時は気負いや張り切り過ぎて「教えたがる」ところがあったのが、次第に年数を重ね、それなりの経験を積んでいく中で、また違った意味で「教えたがる」ようになっていく。いつしか自分を高い位置に置き、「教える側」に固定してしまう。「語り」、「教え」、「導く」。それによって相手を「聴く」、「学ぶ」、「導かれる」側に固定してしまう。こうして説教者と聴き手の間に、ある種の

「権力構造」、「格差」、「ズレ」が生まれてしまう。

単なるコミュニケーションの場合でもこのような事態が軽んじられてよいということにはなりませんが、事柄が「神のみことば」を巡ってのこととなると、事態は非常に深刻です。そしてそのような深刻な事態は、私たちの教会の経験の中にもしばしば生じているのではないか。「説教したがる説教者」によって礼拝が支配され、聴き手の居場所、さらにはその声や存在すらも失われてしまう恐れがあるのではないか。そんな問いを抱いているのです。

しばしば説教は「説教者と聴衆の共同作業である」と言われます。そうであれば説教における「共同作業」の内実を問う必要があるでしょう。そして説教者自身の自己変革、聴衆自身の自己変革、そして説教者と聴衆の相互の対話、問題意識の共有、そして相互理解と新しい取り組みへの一致が実現するとき、教会全体のいのちは活き活きと生かされ、健やかな変革と刷新へと進んで行くのではないでしょうか。

この本書のテーマに取り組むにあたって、私自身の中には「恐れ」があります。その「恐れ」とは、毎週のように説教壇に立ってみことばを語る務めにある者として、このような問題設定そのものが妥当なのか、そうだとすればこの問題をどのように扱うべきか、そしてそれは果たして扱い切れるものなのかという恐れです。また、自分の目の中にある「梁」に気づかず、相手の目の中にある「おが屑」を取ろうとしているのではないかという恐れもあります。自らも「語り手」と「聴き手」の中にいるひとりであるにもかかわらず、その自分を棚に上げて、外側に置いて、第三者のように論じてしまうのではないかという恐れ、自らも「説教者」のひとりであるにもかかわらず、その自分を棚に上げて、「語り手」の問題を他人事のように扱っているのではないかという恐れです。そこには自ら自覚している、あるいは自覚できていない、自分自身の無知や理解の無さ、自覚の乏しさや鈍感さに起因するものもあるでしょう。

しかし、その恐れにとらわれて、このテーマを避けてよいとは思いません。そしてすべての答えを得るまでは何も語るべきではないとも思いません。簡単に答えが出るようなものでないことは明らかですが、そのような問いを抱えながら毎主日、説教壇に立たせられる度に、注意深く、自覚的に学び続け、考え続けることによって、新しく目が開かれ、気づきが与えられ、成長させられていくことを願っています。

そしてこのことが、説教者個人の成長に留まるものでなく、今も生きて建て上げられつつあるキリストの教会において、毎週の主日礼拝に生ける主イエス・キリストご自身が聖書を通し、説教者を用いて語り続けておられ、それを聴いて生かされている人々がいる。この現実を通してキリストの教会そのものが成長していくことにつながると確信するのです。

これまで牧師として説教壇の責任を預かり奉仕した四つの教会、この間の約一四年、所属教団の役職上お訪ねした約一八〇の教会、また三年間の神学大学奉職時代に説教や講演の奉仕で招かれた全部で一〇〇に近い教会での説教の経験を通して見えてきた事柄、そしてコロナ・パンデミックをくぐり抜ける中で悩み、もがき、苦闘した経験をもとに、今日の教会の重要な課題である、「神のみことば」と「聖書」、「聖書」とその説き明かしである「説教」、そして「説教を語る説教者」と「説教を聴く聴衆」の課題に注目して考えたいと思います。

そしてそこから見えてくる説教の課題と可能性、説教者の課題と可能性、説教聴聞の課題と可能性、聴衆の課題と可能性を考えることを通して、「みことばを聴く」ということが「みことばに生かされる」というところにまで届いていくことの重要性を、ご一緒に考えてみたいと願っています。

なお、聖書は『聖書協会共同訳』(日本聖書協会、二〇一八年)を用いました。

目次

第Ⅰ部　説教の課題

第一章　みことばの「語り手」と「聴き手」

1　みことばの「語り手」

ある日、一人の方からメールを受け取りました。その方はかつて海外で生活しておられたことから英語が堪能で、動画配信サイトでよく海外の教会の礼拝や説教を視聴されるそうで、その中に幾人かのお気に入りの説教者がおられ、欠かさずその説教を聴いておられるというのです。いただいたメールの内容は「先日、よく視聴するカナダの教会の○○先生の説教を聴いていたら、朝岡先生の名前が出てきてびっくりしました。それでなんだかうれしくなってメールした次第です」ということで、そこにその教会の礼拝視聴動画のリンクが貼られて送られてきたのです。

メールを読んだ私も驚いて、「はて、これはどういうことだろう?」と考えながら、とりあえずそのリンクをクリックして、礼拝の動画を視聴してみることにしました。それで納得がいったのですが、しばらく前に北米・カナダを巡回した折にその牧師のご自宅を訪問したのです。彼とは数年前に日本に来られた際にお会いしただけだったのですが、今回「ぜひお会いしたい」と事前にアポを入れたところ、快く迎えてくださったのでした。午後には帰国の便に乗るため、月曜日の朝のほんの一時間ばかりの時でしたが、短くもとても心に残る交わりをいただいたのでした。その時に私が話した短い証しを覚えていてくださり、それを礼拝の中で紹介してくださったのでした。大変光栄なことでした。

それとともに、その時の説教の語り口に引き込まれるような感じがして、それから自分でもいくつかの礼拝説教を聴いてみることにしました。英語があまりできない自分でもそこで感じた印象は、「この牧師は、みことばの語り手として、確かに聴き手たちに語りかけている」というものでした。

礼拝の形式はコンテンポラリーなもので、礼拝堂正面の一段高くなった広いステージには説教壇も聖餐台もなく、ステージの左手のところにこじんまりとした木製で一本脚のテーブルが置かれ、その上に主の晩餐を象徴するぶどう酒の入ったピッチャーと籠に入ったパンが置かれ、そして聖書とそこに挟まれた数枚のカードが見えるだけでした。

牧師はジーンズにシャツというラフな格好で、耳にマイクを付け、自由に語っていました。もちろん説教原稿を読んだりはしません。ステージの上をゆったりと動き、時に手を上に差し伸べ、時にその場に跪き、語り続けました。みことばを引用したり、印象的なことばを紹介したりする時に聖書に挟んだカードを手にするぐらいで、あとは実に自然に、しかし静かな情熱を込めて、聴き手たち一人ひとりに向かって「語りかけている」。それは「説教者」というよりも「みことばの語り手」と呼ぶのがふさわしいと思える姿でした。その説教を画面越しで聴きながら、深く心動かされたことを覚えています。

もちろん文化の違いや伝統の違いがありますから、私が今、仕えている教会で次の日曜日からそんな礼拝スタイルでみことばを語ったら、集まった皆さんは腰を抜かすと思います。

ここで私が申し上げたいことは、そのスタイルのことというよりも、「みことばの語り手」と「みことばの聴き手」という「あり方」を、もう一度考え直してもよいのではないか、ということです。

牧師・伝道者として召された者にとって、何といってもその中心的な務めは「みことばを語る」というものです。宗教改革者たちが「神のことばの仕え人」(Diakonia verbi Dei) と呼んだように、牧師としてのあらゆる務めはこの中心的な務めによって位置づけられ、そこから展開されていくものです。それだけに、「みことばを語る」説教のわざは、神学的・実践的な総合力を必要とし、その力が実際に試されるものでもあります。

多くの場合、牧師たちは日々の教会におけるさまざまな務めを果たしつつ、一週間をかけて「みことばを語る」というその一点に向かって準備を続けます。

主から委ねられた羊の群れの全体と個別の霊的な現状を冷静に洞察し、そのような群れとして、教会のかしらなる主イエス・キリストから期待されている「なるべき姿」、いやそれ以上に、主イエス・キリストが約束してくださっている「なるであろう姿」を仰ぎ見つめて、取り組むべき聖書テキストを祈りつつ決定します。連続講解説教であれば、選ばれた聖書テキストは、多くの場合、これから数年がかりで取り組むことになるわけです。

理想としては、そのようにして選んだ聖書テキストについて十分な緒論的な検討、聖書神学的な考察、それに益する数冊の参考文献を読み、信頼できる注解書の助けを得つつ内容の理解をあらかじめ集中して習得し、テキスト全体についての見通しを得た上で、実際に聖書テキストを区分して毎週の説教計画を立て、それによってこの書物を説教するのに必要なおおよその期間を決めるというところまで事前に備えたいところです。

私もかつて奉仕した教会で、着任して最初にルカ文書を取り上げることを決め、ルカによる福音書1章1節から始めた連続講解説教の初回に、教会の皆さんにこう宣言しました。「今日からルカの福音書を皆さんと一緒に読み進めたいと願っています。見通しとしては、おそらく三年ぐらいかかると思います。ルカの福音書を読み終えたら、続いて同じルカが記した使徒の働き（使徒言行録）に取り組みたいと願っています。こちらも同じく三年ぐらいかかると思います」。

そして実際に二〇〇〇年九月二二日から二〇〇三年一二月二八日まで、全一二八回でルカによる福音書の講解説教をし、二〇〇四年一月四日から二〇〇六年八月一三日まで、全八〇回で使徒言行録の講解説教をしました。当初の予想通り、約六年がかりでルカ文書を読み終えたのです。最初のルカの説教をした礼拝を終えた後、一人の婦人がやってきて「朝岡先生、六年はこの教会にいてくださるということですね？」と聞かれたことを覚えています。その教会は頻繁な牧師交替が続いた後で、それまで六年以上奉仕した牧師がいなかったのでした。結果的に私はこの教会で二一年奉仕し、旧約、新約のさまざまな書物を取り上げて講解説教を語り、その合間や夕拝の機会を用いて主題を定めたシリーズ説教や教理説教を重ねてきました。

今も奉仕する教会で講解説教を続けていますが、先に記した理想のような準備をして毎回の説教に臨めているかと言えば、正直に申し上げてとてもそのようにはできていないと告白せざるを得ません。前もって講解するテキスト全体を自分が扱い切れるかを見極めるために、その書の全体を繰り返し読み、参考になる書物を数冊読み、決心がついたところで主に使う注解書を選び、おおよそ読み終えるまでの期間の見通しは立てますが、現実に講解説教が始まると、文字通り「自転車操業」のような日々が始まるのです。

月曜日からさまざまな会議や集会、訪問やお見舞いなどの牧会的な働き、面談や求道者との学びなどの合間を縫って、次主日のための聖書箇所を読み、かつて神学校で教えられた聖書学、教義学、歴史神学、実践神学などの基礎知識と、現場に遣わされてから貧しいなりにも学び続け、積み上げ、身に付けてきた神学的な知識と洞察を総動員し、テキストの釈義、黙想を通して説教の骨格が形づくられます。同時に説教の聴き手である一人ひとりを念頭に置き、その一人ひとりをも釈義し、黙想するのです。

このあたりまで準備が進んだ段階で、日曜日までの残り時間があとどれくらいあるかが問題となります。私としては木曜日ぐらいまでここまでのプロセスが進んでいればよい方で、これが金曜日などにずれ込んでくるとかなり焦り始め、最後の追い込みに入ることになります。これらの準備を通して与えられた語るべきことばを整え、原稿を書き、何度も推敲しながら仕上げていきます。こうして土曜日にようやく説教原稿が書き上がり、それを何度も読み返して、心と頭に刻み込み、あとは主にお委ねして眠りに就きます。

そして迎える日曜日の朝、準備した説教原稿を手に説教壇に上がり、聖霊の照明を求めて祈りつつ、聴衆一人ひとりの顔を見つめつつ、主イエス・キリストの現臨を告げ、福音を宣言する公的な語りとして説教を語るのです。本来なら、冒頭にご紹介したような牧師のように、ゆったりと準備し、余裕をもって説教に臨み、自由なスタイルで語ることができればよいのかもしれませんが、自分には自分のスタイルがあるのも事実であって、その語り口を通してできるかぎり聴き手の一人ひとりに届くことばを語りたいと祈りつつみことばを語ります。

やがて長い日曜日の務めを終えて夕べを迎えるとしばし放心状態になり、ようやく我に返ると、ときには心地よい疲労感とともにある種の手応えを感じ（これは極めてまれなこと）、またあるときにはある種の敗北感に打ちのめされ（これは実にしばしば）、それもこれもまた主にお委ねして床に入って目を閉じる。そして月曜日の朝になれば、一端リセットされた心と頭は、もう次の主の日の説教箇所を思い巡らし、語るべき説教に向けて走り始めるのです。こうした説教者の心境は、青山学院大学の塩谷直也先生の『月曜日の復活――「説教」終えて日が暮れて』（日本キリスト教団出版局、二〇二四年）に、リアルに描かれています。

このような一週間のサイクルを、ある牧師は数年、ある牧師は数十年と走り続け、それは説教者としての引退のときまで、あるいは主の御許に召されるときまで続く。こう考えてみると、説教者という存在は、「一冊の書物」について語り続けることを自分の人生の召命として受け取った人と言えるでしょう。

メソジストの祖であるジョン・ウェスレーが残した「一書の人」ということばがあります。一七六六年、六三歳の時に出版した主著『キリスト者の完全』の中に記したことばだとのことです。聖学院大学の菊池順先生が大学礼拝で次のようなことを紹介されていました。

この本の中でウェスレーは、今日の奨励題にした「一書の人」ということを語っています。すなわち、ウェスレーは、私は、「とくに一七三〇年以後」、「他書を顧みないで、『一書の人』――すなわち聖書だけの人になり始めた」と語っています。「一書の人」、英語で言えば「a man of one book」、ラテン語で言えば「homo unius libri」という言葉です。一七三〇年というのは、ウェスレーがオックスフォード大学に戻り、ホーリークラブを指導するようになった時期です。その時から、ウェスレーは、「一書の人」、「聖書だけの人」になることを志したというのです。それは、聖書以外の書物は読まないということではありません。実際には、ウェスレーは非常に多くの、聖書以外の本を読んだ人です。そして、その習慣は、晩年まで続きました。……そうではあっても、ウェスレーは「一書の人」であったのです。それは、読書の中心が聖書にあったのみならず、生活のすべての基準が聖書であったのです。

（「一書の人――ジョン・ウェスレーを覚えて」二〇一四年一〇月二一日聖学院大学全学礼拝説教より。http://seig16.seigakuin-univ.ac.jp/Shukyo/ryokusin/VOL46_Kikuchi.pdf）

まさに説教者にとっては、一生涯かけて取り組み続ける一書が「聖書」であり、一生涯をかけてその書物について語り続けても、「これで完了」、「もう語り尽くした」、「これ以上語るべきことばは出てこない」ということは有り得ない、そのような書物との格闘が続くのです。そしてそのために召されたという自らの召命にできる限り誠実に応答し、その召しによって与えられた務めに対して忠実に、倦むことなく前進し続け、自分自身の説教者としてのあり方を自覚的に吟味し、検討し、更新し続けることで成長を続けていくことが求められているのです。

神学教育の場でも、このようなみことばの仕え人を養成することを目的とした取り組みが続けられています。私も東京基督教大学で説教学を担当する機会を得ましたが、それは自分自身にとっても、あらためて「神のみことばを取り次ぐとはいかなることなのか」、「人が神のみことばを取り次ぐことができるのか」、「できるとすれば、それはどのようにしてそうなるのか」といった本質的な問いを深く、徹底して考える機会となりました。

説教者の育成は当然、理論だけの学びで終わるものでなく、その後も学年が進むにつれて説教演習のクラスで、より具体的な訓練を重ねていき、やがて卒業を迎える頃には、説教者としての基本的な姿勢と道具を身に付けて遣わされて行くことになるのです。実際にはそこからが本当の説教の学びの始まりではあるのですが、ともかくそのスタートを切るに必要な備えを与えるのが神学教育に携わる者としての責務だと考えて、取り組んできました。

2　みことばの「聴き手」

このように説教学の中心的な課題は、「説教とは何か」、「説教で何が語られなければならないか」、「説教はいかに語られなければならないか」といった点にあり、それらの問いを中心に学びが組み立てられ、説教の理論と実際の説教準備などが扱われます。それは当然のことながら、「説教者」

になるための学び、みことばの「語り手」としての、みことばの「語り方」を身に付けるための学びです。しかし、実際に自分自身が説教学を講義し、そして自分自身もみことばを語り続けるための研鑽を重ねる中で考えたのは、実に当然の問いでした。すなわちこのような「語り手」の側としての学びだけで、みことばに仕える務めへの準備は果たせるのか、という根本的な問いでした。

私が奉職していた東京基督教大学のように、牧師・伝道者の育成のみならず、信徒として社会のあらゆる分野で仕えるキリスト者の養成を掲げる学び舎では、説教学の受講生の中にも、将来、説教者になるわけではないけれど、たとえば教会学校の教師として奉仕するために、あるいは説教のよい聴き手になるためにという願いをもって授業に熱心に参加する学生たちが毎年おりました。彼らの存在はとても貴重なもので、大事な気づきをいくつも与えてくれることがしばしばありました。そもそも、みことばの説教は「語り手」だけでは成立しません。そこに「聴き手」がいるのです。そして当たり前のような話ですが、みことばの「聴き手」の人数の方が、「語り手」の人数よりも圧倒的に多いのです。毎主日の礼拝で、説教壇にはひとりの説教者が立ってみことばを語り、会衆席に座る聴き手たちがそのみことばを聴くのです。

そう言いつつも、これを日本のすべての教会に当然のこととして当てはめることができない現実があることもまた事実です。開拓伝道のスタートからしばらくの間、礼拝は説教者ひとり、あるいはご夫婦であれば説教者ひとりに聴き手ひとりということもあります。チラシを配り、近隣の方をお誘いし、あらゆる手段を尽くして祈りつつ準備した伝道礼拝や特別集会に、来会者がひとりも来なかったという経験も決して珍しいものではありません。地域の過疎化や高齢化が進み、若者たちを育てては送り出し、小さな群れとして礼拝を続けている教会も数多くあります。

私はこれまでの牧師としての奉仕の大半を東京の教会で過ごしました。日曜日には早朝礼拝、朝の二回の礼拝、夕拝と四回の礼拝で奉仕しましたが、朝六時半からの早朝礼拝はその日、出勤しなければならない方や、受験生、部活の試合に行く学生や、家庭の事情で昼間は家を空けづらい方などが集う礼拝でした。しかしこの礼拝は、どなたも来会者がないということがしばしばありました。そんな時はひとりで礼拝堂のベンチに座って祈りの時をもって終えたこともありましたが、時には練習を兼ねて、誰もいない会衆席に向かって説教を語ったこともありました。

当然のことながら、聴き手がひとりいるかいないかの違いは、聴き手がひとりか一〇人か一〇〇人かの違いとは比べものにならないほどに決定的であるということです。つまり説教にとって「聴き手」の存在がどれほど重要であるかということです。それは説教者のための存在ということ以上に、神のみ前に献げられる礼拝において、神が語られる生けるみことばを「語り、聴く」という共同の務めが成り立つための重要性と言ってもよいでしょう。

ところが、それほど重要なみことばの「聴き手」であるにもかかわらず、みことばの「聴き手」になるための学び、みことばの「聴き方」を身に付ける学びの機会は非常に少ないという現実があります。毎主日、礼拝で説教を聴き続けていくことが何よりの学びであると言うこともできますし、日々のみことばと祈りの積み重ねが、みことばの聴き方を身に付けさせてくれるということもあるでしょう。

けれども、よきみことばの「語り手」になるための優れた説教学関係の書物が多く出版されている一方で、よきみことばの「聴き手」になるための、またよきみことばの「聴き方」を身に付けるための「説教聴衆論」、「説教聴聞論」というものを、実践神学的・説教学的に論じたものは非常に限られていると言わなければなりません。

私の限られた知識で考えてみても、ルードルフ・ボーレン先生が『説教学Ⅱ』（加藤常昭訳、日本基督教団出版局、一九七八年）の最後に第五部「聞き手」を置き、そこで「聴衆を問う問い」、「聴衆への鍵」、「聴衆への道」、「聞くことについて」、「対話」、「情報」、「モデル」、「説教批判」といった章を設け、日本語訳で約二〇〇頁にわたる議論をしているのが、まとまった形ではほぼ唯一の「聴き手」論と言えるのではないでしょうか。東京神学大学元教授の山口隆康先生の「説教の聴聞について」『神学』50号（東京神学大学、一九九〇年）などのいくつかのすぐれた論考、そして日本基督教団富士見町教会での礼拝説教を集中して聴き、ご自身でも調べ、文章にするという「説教聴聞」の実践録として、門叶国泰氏の『説教聴聞録　ローマの信徒への手紙』（ヨベル、二〇一五年）や『藤盛勇紀牧師の礼拝説教聴聞録　ルカによる福音書』（ヨベル、二〇一七年）は意欲的な取り組みと言えるでしょう。

加藤常昭先生の説教や講演をまとめた最後の出版物に、『慰めとしての教会に生きる』（教文館、二〇二三年）があります。その中に「説教の聴き方」という講演が収められています（一一〇－一三七頁）。これは二〇一〇年一一月七日、日本基督教団桜新町教会における講演とのことです。また加藤先生には、ご自身が先の講演の冒頭でも触れておられるのですが、『説教の聞き方　キリスト教のポイント＝７』（日本基督教団出版局、一九七一年）という著書があります。私はこれをなかなか手に入れることができずにいたのですが、教文館の編集者の方がコピーを持っておられて、それを見せていただきました。「キリスト教のポイント」というシリーズの一冊として出されたもので、全部で二九頁、定価七〇円という小さな書物です。

同じタイトルで、しかし三九年の隔たりをもって語られた二つの文章を読み比べて気づく一つのことは、加藤先生が説教における「語り手」と「聴き手」の関係を、音楽における「演奏家」と「聴衆」に重ねて語っておられる点です。たとえば一九七一年の『説教の聞き方』では次のように記されます。

わたしたちの礼拝は、たいていの場合、こちら側に説教を聞く者、つまり聴衆が坐り、その反対側に、この聴衆に向かい合って説教者が立ちます。話を聞くにはこうするよりほかないのでしょう。しかし、こういう形をとるために、わたしたちはいつのまにか、説教者と聴衆の間に目に見えない、しかし非常にはっきりした線を引いてしまっていることがあるのではないかと思います。たとえば音楽会などで、聴衆がピアノを聞くのと似ています。ピアニストがすばらしい演奏をすれば喜んでしまい、アンコールを注文してもっと楽しもうとしますし、つまらなければ、途中でさっさと帰ることもできます。ピアニストがじょうずな演奏をするかどうかに、聴衆は責任を取る必要はありません。楽しめばそれでよいのです。しかし説教の場合には、そういう無責任はゆるされません。そこで説教しているのは、「教会」なのです。「わたしたち」なのです。こういう考え方からすると、説教者とわたしたち聴衆とは、向かい合っているばかりでなく共に坐っているのでもあると言えます。（一五頁）

二〇一〇年の講演「説教の聴き方」では、バッハ・コレギウム・ジャパンの演奏を聴きに行くときは開演三〇分前には席に着き、ドイツ語と日本語が対訳になっているパンフレットを念入りに読んで、ドイツ語で歌われる歌詞を一所懸命に聴き取る努力をする、と言われています。ドイツ語の堪能な加藤先生でさえそのようなことをなさる。そしてこう言われるのです。「一所懸命聴き取る努力をする。この聴き取る努力というのが、説教の聴き手にも求められていると思うのです」（一一一頁）。さらに本当に音楽の楽しさを経験するには、聴いているだけではわからない。下手でもいいから楽器を演奏してみる。合唱団に加わって歌ってみる。「なかで音楽を演奏して音楽を体で味わうのと、外の席に座って聴くのとでは違う、というのです。音楽というのは表現する側に一度立ってみるということでよく理解できるということです」（一一二頁）。

そして「説教がよく理解できるためには、自分もまた説教者にならなくても説教者が語る言葉の語り手になるということです」と言われ、「説教の一番いい聴き手になるときに、専門の説教者になるわけではないけれども、自分も言葉の担い手になる、ここまで説教の聴き手になるために求められていることがあるのではないか」。そのために「自分の説教によって教会の皆さんが神の言葉の語り手として育つようにしていく、それが牧師の責任、説教者の責任でもあるということです。皆さんが言葉、神の真理を伝える言葉ですが、それを学習するということが今日の教会の伝道においてもとても大事なことだということです」（一一四－一一五頁）。

ここでは、すでに本書でこれから語ろうと思っている重要な事柄が、さらには結論的な事柄さえも示されているのですが、ともかくここではまず、みことばの「語り手」と「聴き手」が分かたれた存在でなく、教会という「一つ」の存在であること、そしてそのような「一つ」の存在として、「語り手」も「聴き手」も、本来的には神のみことばの前に「ともにある聴き手」であるということ、「語られる言葉を聴き取る努力をすること」、「私たち聴き手が神の言葉の語り手として育っていくこと」の重要性を心に刻みつけておきたいと思います。

そして説教者として召された者が、みことばのよき「語り手」になるために学びと訓練を生涯かけて重ねていくのと同様に、私たちもみことばのよき「聴き手」になるための学びと訓練を重ねたいと思います。それは「しなければならないもの」という重荷ではなく、みことばの素晴らしさをもっとよりよく味わい、喜び、楽しむためのものだからです。

3　「私たちは、み言葉を聞いた」

こうしてみると、みことばの「語り手」にとっても「聴き手」にとっても、最大の喜びは「私たちは、み言葉を聞いた」という一つの信仰の経験をともにすることに尽きるでしょう。私たちがこの書物を通して取り組んでいくことも、まさにこの一つの経験をともにすることを目指してのことです。そして、そのために、私たちがよき聴き手として神のみことばを聴き取る力を養い、それによって真の羊飼いの声を聴き分け、真の羊飼いにつき従っていく羊の群れなる教会として生かされ、健やかに育まれていきたいと願うのです。

そのためには、みことばの「語り手」である説教者固有の課題があることは間違いありません。事実、みことばを聴きたいと願っていてもそれが果たされず、魂の飢え渇きを覚える多くの羊たちがおり、その原因を辿っていくと、みことばを語るべく立てられた説教者の側に多くの課題があることは否定することができません。

しかし、そのような課題があることを認めつつも、まずは自分の外にある事柄を云々する前に、自分自身でできることから始めたいと思うのです。つまり私たち一人ひとりがみことばの聴き手として自らを整え、みことばを聴き取る術を身に付け、みことばによって養われる幸いを会得し、みことばのよき「聴き手」になっていくことを目指したいと願うのです。

私には自分の貧しい伝道牧会の奉仕の中で、一つのモデルとしてきた教会の姿があります。それは多くの方が長く愛読してこられた、オットー・ブルーダーの実話に基づく小説『嵐の中の教会――ヒトラーと戦った教会の物語』（森平太訳、新教新書、一九八九年）に登場するリンデンコップ村の教会です。本書は日本語訳に「ヒトラーと戦った教会の物語」と副題が付けられているように、一九三〇年代初頭のドイツの小さな村の教会が舞台となっています。

ヒトラー率いるナチ政権が台頭し、教会もまた国家主義の中に取り込まれ、迎合していく中で、グルントという青年牧師を迎えた村の小さな教会が経験した信仰告白を巡る戦いの姿が、生き証人であるペーター老人が当時を回顧しながら物語るという形式で描き出されています。フィクションでありながらもかなりの部分が史実を踏まえて記されており、舞台となったリンデンコップ村も主人公のグルント牧師もそのモデルとなった実在の村や牧師がいます。

これについては東北大学名誉教授の宮田光雄先生が『市民生活の中の信仰――ドイツ便り』（新

教新書、一九六四年）所収の「ドイツ教会闘争の旅」（後に『宮田光雄思想史論集別巻　ヨーロッパ思想史の旅』創文社、二〇〇八年に再録）に、物語の舞台となったランシュタット村の人々との対話や、主人公像の一人であるペーター・ブルンナー牧師について触れておられます。私も二〇一三年にランシュタット村を訪れる機会があり、当時のままの教会堂の姿を見て感激したことを覚えています。

物語の冒頭では、霊的に眠りこけてしまっていた教会の姿が、習慣化してしまっている礼拝と、もはや気力も失せてしまっていた老牧師の説教奉仕の姿によって表現され、その後に若き牧師グルント夫妻の着任と、それによって始められた「神の言葉の神学」そのものの説教によって、霊的に覚醒していく様子が印象深く描き出されて、何度読んでも心動かされる一冊です。そしてこの物語の終盤は、ついにナチに捕らえられて強制収容所に連行されていくグルント牧師を村人全員が見送った後、語り部であるペーターによる次のことばで締め括られます。

「私たちがこれからどうなってゆくか、それは分かりません。第三帝国は実に強大に見えます。一方、教会はいかにも小さくて貧しく、そればかりかますます貧しくなってゆくようです。しかし私たちは、み言葉を聞いたのです。私たちの耳が開かれて、そうして私たちは聞いたのです。私たちはそれを決して忘れることができません」。

（一七六頁）

これと同じ時代、日本の教会の説教はどのようなものだったのか。そこでは「真摯にみことばが語られ、聴かれる」（カルヴァン）ということが為されていたのか。そのような問いを抱かざるを得ません。もちろん大変な霊的闘いの中で、礼拝は献げられ続けていたでしょう。説教も語られ続けていたでしょう。しかし同時に、礼拝の中で「宮城遙拝」といって頭を下げ、「君が代」や「海ゆかば」を歌っていた礼拝で、「みことば」は語られて、そして聴かれていたのか。みことばの説教の中心にある「イエスは主である」とのメッセージは鮮明に語られていたのか。それを聴き手たちは本気で受け取っていたのか。これは、私自身の課題、そしてこれからの日本の教会の担うべき大きな課題であると心しています。

「私たちは、み言葉を聞いたのです。私たちの耳が開かれて、そうして私たちは聞いたのです」ということば。これこそを、本書において私たちが目指す「説教聴聞」の姿としたいのです。私たち一人ひとりが毎主日の礼拝でこのように確かに「み言葉を聞いた」という経験をするとき、主イエス・キリストの教会は目覚めて立ち上がり、「イエスは主である」、「イエスのみが主である」と告白し、十字架と復活の福音を鮮やかに指し示し、その福音を宣べ伝えるために歩み始めていくことができるでしょう。

「私たちは、み言葉を聞いた」。この経験をともに味わいたいと願います。

第二章　みことばを聴く困難

1　説教を聴けないつらさ

二〇二〇年末から始まったコロナ・パンデミックを経て、社会全体がそうであったのと同じく、教会を取り巻く状況も一変しました。何といっても、「教会のいのち」である主日の公同礼拝に集まること自体が問われるということが起こりました。

主の日に教会に集まることが当然と思っていたのが、そうでない現実を突きつけられて、私たちは大いに揺さぶられ、悩みました。そして次々と新たな問いを突きつけられることにもなりました。「礼拝に集まることを止めるなどということは信仰の決断として正しいのか」、「健康上のリスクがあったとしても、いのちがけで礼拝を続けるのが本来の礼拝者の姿ではないか」、「教会も社会の一員である以上、そこでの対応に合わせざるを得ないのではないか」、「行政からの通達を理由にするよりも、教会の自律的な判断で事柄を決めるべきではないか」、「弱さを持つ人々をベースに考え、対応すべきではないか」、「むしろこれを機に、今までの『招く』教会から『出て行く』教会への転換のツールとして、オンラインを駆使したネット配信による礼拝を積極的に位置づけるべきではないか」等々、どれも大事な問いであるとともに、答えを導き出すのが難しい問いでもあります。

これらについて実態調査アンケートを踏まえた現段階でのまとめと今後に向けての提言として、日本クリスチャン・アカデミーの共同研究が出版されていますが、多様な著者による考え方が紹介されていて、今後の議論の出発点となることが期待されます（荒瀬牧彦編『日本クリスチャン・アカデミー共同研究　コロナ後の教会の可能性――危機下で問い直す教会・礼拝・宣教』キリスト新聞社、二〇二三年）。それにしても、これら一つひとつの事柄についての神学的検討と評価を下すには、さらに幅広く情報を集めて分析をした上で、時間をかけての丁寧な議論が必要と思います。

またこれらと同時進行のように急激に発達しているChat GPTなどの生成系人工知能の普及によって、今後、礼拝のあり方、説教のあり方も革新的な見直しが求められる時代が、そう遠くないうちに訪れることでしょう。

それでも、やはり根本的なこととして、「教会に集まることができない」、「礼拝にともに集うことができない」、「一緒に声を上げて讃美歌を歌い、主の祈りを祈り、使徒信条や十戒を唱和し、主の食卓にあずかることができない」、そして何よりも「目の前にいる説教者の口から語られる説教を聴くことができない」という経験は、私たちの「いのち」に関わる大きな試練であったことは間違いありません。

　もちろん、この間も教会はただ茫然と立ちすくんでいたわけではありません。コロナ前からオンライン配信などＩＴ技術の導入に積極的に取り組んできた教会もあるでしょうが、多くの教会はコロナ禍の中で初めてそのような手段に取り組み始めたことでしょう。できないことを嘆くよりも、できることを探し出し、見つけ出して、とりあえずできることは何でもやる。そういう姿勢で取り組んだ教会が多くありました。慌てて揃えた配信機器の慣れない操作に四苦八苦しながら礼拝のネット配信をしたり、オンライン形式での教会学校や祈禱会の持ち方を工夫したり、礼拝の録画や録音を教会ホームページに掲載したり、日々のみことばの黙想をメール配信したり、ネット環境のない信徒宅には毎週のように週報や説教原稿を郵送したり、直接届けるために訪ねて行ったりと、牧師と信徒の方々の相互牧会の力が発揮されたのは、コロナ禍のもたらした一つの成果と言えるかもしれません。

　しかしこれだけできる限りのことをしても、なお「説教を聴けないつらさ」を完全に払拭するには限界があったことを認めざるを得ません。

2　説教者と聴衆の「ズレ」

そこで問いたいのは、「説教を聴けないつらさの本質は何か」ということです。今回のコロナ禍のような出来事はある意味で特殊なものであり、それは人的・物理的な対応と相互牧会の力によってなんとか乗り切れたものかもしれません。またこの経験を通して、たとえば教会員の中で長期入院中であったり、老人施設に入居していたり、自宅で寝たきり生活になっていたり、その他の種々の理由で普段から礼拝に来られない方々のために、従来、特別な配慮をしてこなかったことに気づいたということもあるでしょう。

私も、自分が仕える教会の中におられるそのような方々と、加えて国際ＮＧＯ職員として紛争地に派遣され、教会などない地域で過ごす教会員に、コロナになって初めてオンライン配信や録画による礼拝参加への道を備えることができたということがありました。

しかしそのような物理的・環境的な困難さをクリアする手段が整えられれば、それで説教を聴けないつらさが回避され、克服されるかといえば、ことはそう単純ではありません。私たちはそこでもなお「説教を聴けないつらさの本質は何か」を問わざるを得ないのです。

説教者たちは、自分の語る説教が聴衆にどのように聴かれているか、どのように届いているかといつも悩みながら苦闘しています。けれどもこの悩みを聴き手たちと率直に語り合う機会はさほど多くありません。

牧師同士が集まるとしばしば笑い話のように語られる共通の経験があります。説教を語った後、信徒の方が献金の感謝祈禱などで「今日の説教で、『〇〇ということを教えられました』と祈られ、自分が説教で伝えたかったこととまったく違っていてガックリきた」、「特別の集会で説教者を招いた礼拝後、教会の皆さんが『今日のようなメッセージは初めて聞いた』と喜んでいる様子を見て、『いつも自分も語っていることなのに……』と落ち込んだ」等々。そこではすでに「語り手」が祈りや期待を込めて語った説教と、「聴き手」が実際に聴き取った説教との間に「ズレ」が生まれているのです。

しかしこうしたことを、教会が真面目に語り合うということは少ないのではないでしょうか。いちいち真面目に取り上げて問題にするようなものではないかもしれません。とはいえ、ただそのまま放置しておいてよいものでもないと思います。

説教者と聴衆の間に生まれている「ズレ」。まずそれが生じているということを認めることが第一歩でしょう。「私たちの教会ではそんなことはあり得ないし、起こっていない」と断言される教会があるとすれば幸いなことですが、それでも本当にそうかを牧師と信徒で、あるいは信徒と信徒で語り合う必要があるかもしれません。

説教者と聴衆の「ズレ」の程度は決して一様ではありません。たまたま起こるものと頻繁に起こるもの、許容できる誤差の範囲で済むものと、信仰理解や真理問題にまで発展する恐れのあるもの、牧師と信徒、あるいは信徒と信徒の間の信頼関係に関わるもの、実は修復不可能なところにまで来てしまっている危機的なもの。些細なことから深刻なことまで、「ズレ」の程度が露わになるのが、説教における「語り」、「聴く」という関係性の特殊さでもあるのです。

コロナ禍以降の一つの顕著な現象として、オンライン動画配信サービスを用いて多くの教会の礼拝、説教が公開されるようになったということがあります。それによって自宅にいながら、日本全国の教会、時には海外の教会の礼拝の様子を視聴したり、著名な説教者の説教を聴いたりすることが可能になりました。第一章の冒頭で取り上げたエピソードもそのような実例の一つです。

これだけがきっかけとは言えないものの、一つの呼び水となって見えてきた現象の一つに、「自分の所属する教会の礼拝での説教を聴けない」と感じているキリスト者がある一定数おられることが露呈したということがあります。つまりコロナ以前から、自分の連なる教会で説教を聴けないつらさを味わっているという方が少なくなかったという現実です。そしてそこで感じてきた魂の飢え渇きを、ネット上の他教会の礼拝説教を聴くことが可能になった（なってしまった）ことで、なんとか満たしているという現実、そのような自分の信仰のあり様、教会生活のあり様について「これでよいのだろうか」という深刻な悩みを抱いている方々がいるという現実です。

「説教を聴けないつらさ」の本質は、「神のみことばを聴けないつらさ」です。「神のことばの説教が、神のことばである」という、宗教改革時代に生まれた『第二スイス信仰告白』（一五六六年）の有名なテーゼからすれば、「説教を聴くこと」と「神のみことばを聴くこと」は本来、分けることのできない一つのものであるはずですが、実際に起こっている現象を見つめてみると、そこには非常に深刻な「ズレ」が生まれているのです。

毎主日の礼拝に集う。その日の聖書が開かれる。説教壇に牧師が立ち、説教が語られる。確かに説教は語られているのに、「みことばが聴けない」、あるいは「みことばが聴こえてこない」。今日もそんな思いを心の奥に抱き、しかしそれを押さえ込んだまま、礼拝後に周囲の人々と挨拶をし、担当の奉仕を済ませ、家路に着く。心の中は何とも言えない飢え渇きを覚え、このままでは信仰のいのちが枯渇していくようにすら思える。思い切って牧師にこのような思いの丈を話してみようかと思うが、この思いをきちんと伝えられる自信もなく、牧師がそれを受けとめてくれるという信頼も揺らいでしまっている。そんな中でこのようなことを話題にすれば、牧師批判、教会批判のように受け取られてしまい、教会に自分の居場所がなくなってしまう。そんな恐れとなかば諦めのような感情を抱きつつ、礼拝の生活をなんとか続けているという信仰者は決して少なくないように思います。

他方、説教者の側も、会衆席の片隅でずっとうつむいたまま座っている聴き手の存在が気になり、自分の言動が何か相手を傷つけたのだろうか、自分の説教に問題があるのだろうか、それともまったく他の理由やその日の体調が原因なのだろうか。礼拝が終わったら声をかけてみようかと思ったりもするが、むしろ向こうから相談に来るのを待つ方がよいのではないか。そのような気遣いや遠慮が自分の中でグルグルと巡るばかりで、気づいている「ズレ」を修正する機会を逃したまま、時を過ごしてしまうということもあるでしょう。

こうしたみことばの「語り手」と「聴き手」の「ズレ」が生み出すジレンマについて、かつてこう記しました。

福音を語っているつもりなのに、そのことばが届かない。説教者は悩みます。自分のことばに力がないからなのか。聴き手たちがきちんとみことばを聴き取ってくれないからなのか。こんなに一所懸命語っているのに、どうしてなのか。皆は自分を信頼しているのか。ちゃんと聴こうとしているのだろうか。しかし、悩んでいるのは説教者だけではありません。聴き手もまた悩みます。自分たちはみことばを聴きたいのに、神のことばが語られない。毎週期待して礼拝に来るのに、いつもその期待は裏切られる。福音を聴きたいのに、人間のことばしか聞こえてこない。どうしてなのか。神が立てられた説教者のはずなのに。彼はみことばを語ろうとしているのだろうか。そんな声にならない叫びが各地の礼拝堂から聞こえているのではないでしょうか。

（『教会に生きる喜び――牧師と信徒のための教会論入門』教文館、二〇一八年、六三－六四頁）

3　ことばが通じないという現実

神のみことばが語られ、聴かれ、生きられる喜びをともに味わいたい。説教者も聴衆もともにみことばに生かされる経験をしたい。それが本書の目指すところですが、そのためにはまずこの「ズレ」を直視し、それを越えていく道を考える必要があります。そしてそのためには、まず「互いのことばが通じない」という現実があることを率直に認めることから始めたいと思うのです。そしてその根本的な問題として、そもそも人間は互いのことばが通じない存在だという事実、しかもそれが人間の罪に起因していることを認めなければならないのです。

旧約聖書の創世記11章に、「バベルの塔」の出来事が記されています。原初の世界は「全地は、一つの言語、同じ言葉であった」（1節）のに、「さあ、我々は町と塔を築こう。塔の頂は天に届くようにして、名を上げよう。そして全地の面に散らされることのないようにしよう」（4節）という人間の罪の中心の一つである傲慢さのゆえに、神のさばきが下されました。それが「彼らは皆、一つの民、一つの言語で、こうしたことをし始めた。今や、彼らがしようとしていることは何であれ、誰も止められはしない。さあ、私たちは降って行って、そこで彼らの言語を混乱させ、互いの言語が理解できないようにしよう」（6－7節）というものでした。その結果、人々の間に混乱が生じ、彼らは町と塔の建設を諦めて、全地に散らされていくことになりました。「それゆえ、この町の名はバベルと呼ばれた。主がそこで全地の言語を混乱させたからである。主はそこから彼らを全地の面に散らされた」(9節)。

「バベルの人々はどうしてこんなことをしてくれたのか」と、外国語習得に苦労したときや、神学校での聖書言語のテスト の前になるとよくつぶやいたものですが、とにかくこの出来事は象徴的です。人間の罪に対する主なる神からのさばきが「ことばの混乱」という仕方でもたらされた。それは人間同士のコミュニケーションの不全を生じさせ、共同して作業を行うことに混乱をもたらし、共同体の建設を不可能とすることにつながっていきました。

ことばを語っていてもお互いの意図が通じ合わない。同じ目標を目指してともに働いているはずなのに、その営みを共有し、確認するための基本的な手段であることばが通じ合わないために、お互いの意図がすれ違い、やっていることが噛み合わず、結果が真逆になったり、混乱に混乱を上塗りしたり。

そうして互いの間に摩擦が増大し、信頼関係が断絶し、共同体形成そのものが崩壊していく。伝えたいのに伝わらないもどかしさ。理解したいのに理解できない悔しさ。わかり合いたいのにわかり合えない苛立ち。「ことばが通じない」ということが、どれほど人間社会の形成に大きな混乱をもたらすものであったかを、バベルの塔の出来事は証ししています。

しかし「ことばが通じない」という現象は、同一の言語を使えば回避されるかといえば、そう単純な話ではありません。同じことばを使っていても「ことばの混乱」は起こります。同じことばを使っているからこそ、さらに複雑でややこしい「ことばの混乱」が引き起こされることもあるのです。そしてその混乱は、人と人との関係はもちろんのこと、主なる神と私たち人間の間にも大きな影響をもたらすことになりました。

第三章　神の語りと聴き手の応答

1　神の語りの多様さ

こうした私たち人間の罪に起因する「ことばの混乱」、それによるコミュニケーション不全を知ると、「それなら通じなくても仕方がない」と諦め、「伝わらないのは当然だ」と開き直りたくなってしまいますが、むしろ私たちが目を留めたいのは、そのような私たちの罪ゆえに起こったことばの混乱を越えて、なお神が語り続けてくださったという事実であり、それを聴いた人間たちが、結果はともかく、聴いて応答するようにされたという事実です。

あわれみ深い神は、罪ある私たちがそれでもなお神の語りかけに応答することを願い、求めておられる。しかし私たちはその語りかけに素直に応答することができない。その「隔たり」を埋めるために、神は私たちに向かってさまざまな語りの形をもって、語りかけ続けていてくださっているのです。

それは旧約聖書の文学形式によっても明らかでしょう。ヘブライ語聖書の「律法」、「預言書」、「諸書」の類型を基本にして、天地創造からアブラハムに代表される族長物語、出エジプト、カナン征服に至る歴史叙述、祭儀律法や道徳律法などの祭儀的・法的叙述、イスラエル王国の歴史を記す散文体の叙述、ヨブ記のような人間の内奥に迫ることば、詩編や箴言、コヘレトの言葉などに見られる詩文体の叙述や知恵文学、そしてイザヤ、エレミヤ、エゼキエルといった三大預言書をはじめとする預言者たちのことばとそれへの民の応答、諸書に現れる黙示思想など、その多様さには驚くばかりです。

また新約聖書においては、主イエスや使徒たちの宣教において、福音を聴いた者たちの「受容」と「拒絶」の態度が露わにされます。さらに福音書やヨハネの黙示録においては、主イエスの「耳のある者は聞きなさい」、「聞く耳のある者は聞きなさい」といった表現が繰り返されます（マタイ11・15、13・9、43、マルコ4・9、ルカ8・8、14・35、黙示録2・7、11、17、29、3・6、13、22、13・9）。ここでは、神のみことばが語られたことに対する人間の態度が示されるのです。

2　旧約預言者の語りと聴き手の応答

ここで旧約の三大預言者と呼ばれるイザヤ、エレミヤ、エゼキエルの姿と、彼らのことばに対する聴き手の応答の姿を見てみましょう。まず代表的な預言者イザヤは、主なる神から「誰を遣わそうか。誰が私たちのために行ってくれるだろうか」との呼びかけを受けた時、こう答えました。「ここに私がおります。私を遣わしてください」（イザヤ6・8）。こうして預言者としての召命を受け取ったイザヤに、主はその直後に次のように言われるのです。「行って、この民に語りなさい。『よく聞け、しかし、悟ってはならない。よく見よ、しかし、理解してはならない』と。この民の心を鈍くし／耳を遠くし、目を閉ざしなさい。目で見ず、耳で聞かず、心で悟らず／立ち帰って癒やされることのないように」（同9－10節）。

次に預言者エレミヤは、エルサレムの陥落の危機を前に、主に立ち帰るようにとのメッセージを語るように命じられて、民に語りかけます。「主はこう言われる。十字路に立って、眺めよ。古くからの通り道に尋ねてみよ。『幸いの道はどこにあるのか』と。その道を歩み／あなたがたの魂に安らぎを見いだせ」。しかし民たちの応答はこうでした。「彼らは言った。『私たちは歩まない』と」（エレミヤ6・16）。それでもエレミヤはなお語ります。「あなたがたの上に見張りを立て／角笛の音に耳を傾けよ」。しかし、それに対しても民の応答はこうでした。「私たちは耳を傾けない」（同17節）。

さらにエレミヤは、エルサレムの神殿で民に語るように命じられます。「主はこう言われる。主の神殿の庭に立ち、主の神殿に礼拝に来るユダのすべての町の者に向かって、私が命じた言葉をすべて語れ。一言も減らしてはならない」（同26・2）。それは「彼らがそれを聞いて、それぞれ悪の道から立ち帰るかもしれない。そうすれば、私は彼らの悪行のゆえに下そうとしていた災いを思い直す」（同3節）とあるように、主なる神が与えられた、民の悔い改めへのチャンスでした。ところがその結果はどうだったでしょうか。「エレミヤが、すべての民に語るように主が命じられたことをみな語り終えると、祭司と預言者たちとすべての民は、彼を捕らえて言った。『あなたは必ず死ななければならない』」（同8節）。

最後にエゼキエルの姿を見ます。主なる神はエゼキエルを預言者として召した際にこう命じられました。「私はあなたを彼らに遣わす。そこで彼らに『主なる神はこう言われる』と言いなさい。彼らが聞こうと、反逆の家ゆえに拒もうと、自分たちの間に一人の預言者がいたことを知るようになる。人の子よ、あなたは彼らを恐れてはならない。その言葉を恐れてはならない。たとえあなたが、いらくさと棘の中にいても、また、さそりの上に座すとしても。彼らが反逆の家だからといって、その言葉を恐れてはならない。彼らの前におののいてはならない。彼らが聞こうと、反逆の家ゆえに拒もうと、私の言葉を語らなければならない」（エゼキエル2・4－7）。

これらの箇所それぞれの詳しい釈義的な説明は省きますが、共通して言えることの第一は、主なる神は預言者にことばを授け、彼らを通して民に語りかけておられるということ、第二に、それにもかかわらず、民はそのことばを悟ることも、理解することもできず、またそのことばに耳を傾けることをせず、従おうともせず、聴くこと自体を拒絶しているということ、そして第三に、預言者はそのような民の姿を目の当たりにしてもなお、語り続けなければならないということです。

このように私たちの「神のみことばを聴く困難」のもっとも深いところにある根本的な原因は、自分自身のうちに存在している「神のみことばを聴こうとしない」という頑なな罪の姿にあるということ。これを認めることが必要です。この自己認識なしに、私たちは先に進むことができません。

3　主イエスの神の国の告知と聴き手の応答

以上の旧約預言者の語りと聴き手の応答は、基本的に新約においても引き継がれています。それはまず何よりも主イエス・キリストによる神の国の告知でした。マルコによる福音書1章14節、15節でこう言われるとおりです。「ヨハネが捕らえられた後、イエスはガリラヤへ行き、神の福音を宣べ伝えて、『時は満ち、神の国は近づいた。悔い改めて、福音を信じなさい』と言われた」。

またルカによる福音書4章14節以下を少し詳しく見てみましょう。

「イエスが霊の力に満ちてガリラヤに帰られると、その噂が周り一帯に広まった。イエスは諸会堂で教え、皆から称賛を受けられた。それから、イエスはご自分の育ったナザレに行き、いつものとおり安息日に会堂に入り、朗読しようとしてお立ちになった。預言者イザヤの巻物が手渡されたので、それを開いて、こう書いてある箇所を見つけられた。『主の霊が私に臨んだ。貧しい人に福音を告げ知らせるために／主が私に油を注がれたからである。主が私を遣わされたのは／捕らわれている人に解放を／目の見えない人に視力の回復を告げ／打ちひしがれている人を自由にし／主の恵みの年を告げるためである』。イエスは巻物を巻き、係の者に返して座られた。会堂にいる皆の目がイエスに注がれた。そこでイエスは、『この聖書の言葉は、今日、あなたがたが耳にしたとき、実現した』と話し始められた。皆はイエスを褒め、その口から出て来る恵みの言葉を聞いて驚いて言った。『この人はヨセフの子ではないか』」。

この箇所はルカが主イエスの公生涯の始まりを描く重要な箇所であり、とりわけイザヤ書61章のメシア預言について、主イエス自らが「この聖書の言葉は、今日、あなたがたが耳にしたとき、実現した」と語られた、主イエスによる究極の説教とも言うべきところです。この説教を聴いたときの民衆の応答は好意的なものでした。関西学院大学の嶺重淑先生はこの箇所について「人々の最初の反応は好意的であり、彼らはイエスを誉め、その恵み深い言葉に驚嘆する」とし、その理由を「イエスの言葉をイザヤの文脈におけるユダヤ民族内に限定された意味で理解したためであろう」と解説しています（嶺重淑『NTJ新約聖書注解　ルカ福音書1章－9章50節』日本キリスト教団出版局、二〇一八年、一七六－一七七頁）。

ところが並行記事のマルコによる福音書6章やマタイによる福音書13章を見ると、その教えに驚嘆しつつも、主イエスが大工ヨセフの家族の一人であるというその出自を理由に、「人々はイエスにつまずいた」（マルコ6・3、マタイ13・57）とあります。

またルカによる福音書4章では、会堂での説教に続いて主イエスが旧約時代のエリヤ、エリシャ時代に起こったシドンのサレプタの女、シリア人の王ナアマンのエピソードを引きつつユダヤ人の不信仰ぶりを指摘したことから、先ほどまで主イエスを褒めていた民衆は一転して、「これを聞いた会堂内の人々は皆憤慨し、総立ちになって、イエスを町の外へ追い出し、町が建っている山の崖まで連れて行き、突き落とそうとした」（4・28）と記されます。

この民衆の「受容から拒絶」への急転回は、主イエスのことばがユダヤ人のみならず異邦人への祝福を含んでいることに対する、ユダヤ人の偏狭な民族主義のゆえと指摘されます。「最初はイエスに驚嘆していた会堂にいた人々は、血縁地縁による民族主義の枠組みを無視して異邦人への神の祝福を示唆するイエスの言葉を聞き、一転して激怒する」（嶺重、前掲書、一八一頁）と指摘されるとおりです。

その他、四福音書が描き出すように、当初、主イエスが行く先々で福音を宣べ伝え、教え、癒すみ業を通して多くの人々が主イエスを受け容れるようになりますが、それは彼らが期待する主イエスがローマ帝国の支配から解放し、抑圧された生活から自由をもたらすユダヤ独立のリーダーとしての「政治的メシア」、病気や悪霊の支配で苦しむ人々を癒す力を持った「治癒者」、そして不思議な力を発揮する「奇跡行者」であるからでした。こうした聴き手たちの「ズレ」と、主イエスの痛烈なファリサイ派批判によって、彼らの主イエスに対する憎悪は次第に増大し、やがて待ち受ける十字架につながっていくのでした。

4　パウロの福音宣教と聴き手の応答

次にルカが使徒言行録に記した、使徒パウロの福音宣教と聴き手の応答に注目してみましょう。使徒言行録の中でパウロは説教、演説、弁明など、さまざまな仕方で福音を語り、また自身の回心体験を語ります（原口尚彰『ロゴス・エートス・パトス――使徒言行録の演説の研究』新教出版社、二〇〇五年）。

使徒言行録11章で最初の異邦人教会として誕生したアンティオキア教会は、13章に入ると、聖霊の促しによってバルナバとサウロを福音宣教のために送り出します。キプロスを経て、ピシディア州のアンティオキアに着くと、彼らはすぐに会堂に入り人々に福音を語りました（13－41節）。すると「パウロとバルナバが会堂を出るとき、人々は次の安息日にも同じことを話してくれるようにと頼んだ。集会が終わってからも、多くのユダヤ人と神を崇める改宗者とが付いて来たので、二人は彼らと語り合い、神の恵みの下に生き続けるように勧めた」（42－43節）のでした。こうして

「次の安息日になると、ほとんど町中の人が主の言葉を聞こうとして集まって来た」（44節）のですが、ここで聴き手の反応が分かれます。

ユダヤ人たちは「この群衆を見てひどく妬み、口汚く罵って、パウロの話すことに反対した」（45節）とあります。その一方で異邦人たちは「これを聞いて喜び、主の言葉を崇めた。そして永遠の命を得るように定められている人は皆、信仰に入った。こうして、主の言葉はその地方全体に広まった」（48、49節）のです。ところが「ユダヤ人は、神を崇める貴婦人たちや町の有力者たちを唆して、パウロとバルナバを迫害させ、その地方から二人を追い出した」（50節）のです。ここには神のことばと、それに対する語り手たちの「受容」と「拒絶」の姿がはっきりと示されます。

次に14章でイコニオンに入ると「同じように、パウロとバルナバはユダヤ人の会堂に入って話をしたが、その結果、大勢のユダヤ人やギリシア人が信仰に入った」（１節）とあり、他方では「信じようとしないユダヤ人は、異邦人を唆して、兄弟たちに対して悪意を抱かせ」（２節）ます。そんな中でも「二人はそこに長くとどまり、主に信頼して堂々と語った」（３節）とあり、その結果として生じたのは「町の人々は分裂し、ある者はユダヤ人の側に、ある者は使徒の側に付いた」（４節）という事態でした。ここにも「受容」と「拒絶」が人々の分裂の姿を通して現れています。

続いてリストラの町では、生まれつき足の不自由な男が「パウロの話に耳を傾けていた。パウロは彼を見つめ、癒されるのにふさわしい信仰があるのを認め、『自分の足でまっすぐに立ちなさい』

と大声で言った。すると、その人は躍り上がって歩きだした」（10節）という素晴らしい癒しのみ業が行われます。ところがその結果、「群衆はパウロの行ったことを見て声を張り上げ、リカオニアの方言で、『神々が人間の姿をとって、私たちのところに降りて来られた』と言った。そして、バルナバを『ゼウス』と呼び、また主に話す者であることから、パウロを『ヘルメス』と呼んだ」（12節）とあり、二人をギリシアの神々として祭り上げ、いけにえを献げて拝もうとするのです。

そんな彼らの行為を止めさせようと必死に説得したパウロたちでしたが、その後に起こったのは「ところが、ユダヤ人たちがアンティオキアとイコニオンからやって来て、群衆を抱き込み、パウロに石を投げつけ、死んでしまったものと思って、町の外へ引きずり出した」（19節）という悲惨な出来事でした。ここには聴き手たちの身勝手さと扇動されやすいありさまが映し出されています。

16章で、幻の中でマケドニア人の懇願を受け取り、トロアスからサモトラケ、ネアポリスを経て、ローマの植民市フィリピに着いたパウロ一行は、安息日に「祈りの場のあると思われる川岸に行った。そして、そこに座って、集まっていた女たちに話をした」（13節）とあります。その結果、「ティアテイラ市出身の紫布を扱う商人で、神を崇めるリディアという女も話を聞いていたが、主が彼女の心を開かれたので、彼女はパウロの話を注意深く聞いた。そして、彼女も家族の者も洗礼を受けた」（14−15節）のです。

その後フィリピではパウロたちが占いの霊に取りつかれていた女性を解放したことをきっかけ

に、その雇い主たちから訴えられて鞭打たれ、投獄されるという憂き目に遭います。しかしその獄舎の中で賛美の歌を歌い、祈っている最中に起こった大地震で囚人たちが脱獄し、その責任をとって自害しようとした看取を押しとどめたところ、「看取は、明かりを持って来させ、駆け込んで来て、パウロとシラスの前に震えながらひれ伏し、二人を外に連れ出して言った。『先生方、救われるためにはどうすべきでしょうか』。二人は言った。『主イエスを信じなさい。そうすれば、あなたも家族も救われます』。そして、看取とその家族一同に主の言葉を語った。まだ真夜中であったが、看取は二人を連れて行って打ち傷を洗ってやり、自分も家族の者も皆すぐに洗礼を受けた。この後、二人を自分の家に案内して食事を出し、神を信じる者になったことを家族ともども喜んだ」（29－34節）のでした。

ここには超自然的な出来事と自然な出来事が入り交じりながら、神の救いの業が成し遂げられる様が印象深く描かれます。ここでパウロはみことばを語ったとは記されていませんが、パウロとシラスの獄中での賛美と祈りがその役目を果たしたのでしょう。

17章でテサロニケに着くと「パウロは、いつものように、会堂に入って行き、三回の安息日にわたって聖書を引用して論じ合い、『メシアは必ず苦しみを受け、死者の中から復活することになっていた』と、また、『このメシアは、私が伝えているイエスである』と説明し、論証した」（2－3節）のでした。その結果、「彼らのうちのある者は信じて、パウロとシラスの仲間になった。その中には、神を崇めるギリシア人が大勢おり、貴婦人たちも少なくなかった」（4節）とあり、「しかしユダヤ人たちはそれを妬み、広場にたむろしているならず者たちを抱き込んで暴動を起こし、町を混乱させ、ヤソンの家を襲い、二人を民衆の前に引き出そうとして捜した」（5節）。

ここにも神のみことばに対する「受容」と「拒絶」の反応が示され、「受容する」人々の多くは異邦人、「拒絶」する人々の多くはユダヤ人という構図が固まりつつあり、拒絶に伴う反応が次第に過激化していく様子が見て取れます。

ではベレアの町ではどうだったでしょうか。「ここのユダヤ人は、テサロニケのユダヤ人よりも素直で、非常に熱心に御言葉を受け入れ、そのとおりかどうか、毎日、聖書を調べていた。そこで、そのうちの多くの人が信じ、ギリシア人の貴婦人や男たちも少なからず信仰に入った」（11-12節）とあります。「ところがテサロニケのユダヤ人たちは、ベレアでもパウロによって神の言葉が宣べ伝えられていることを知ると、そこへも押しかけて来て、群衆を扇動して騒がせた」（13節）とあります。ユダヤ人たちにとって、パウロたちの語る「十字架と復活のイエスが、救い主メシアである」とのメッセージは、かつての迫害者時代のパウロがそうであったのと同じく、受け入れ難いものだったのです。

5　聴き手の応答としての受容、拒絶、そして優柔不断さ

以上の箇所と少し趣が異なるのは、使徒言行録17章のアテネのアレオパゴスでの出来事です。当時のアテネは偶像礼拝とともに学問の町としても知られていました。そのようなアテネでパウロは「会堂ではユダヤ人や神を崇める人々と論じ、また、広場では居合わせた人々と毎日論じ合った」(17節)、「また、エピクロス派やストア派の幾人かの哲学者もパウロと討論した」(18節) とあります。その結果は「『このおしゃべりは、何が言いたいのか』と言う者もいれば、『彼は外国の神々を宣伝する者らしい』と言う者もいた。パウロが、イエスと復活について福音を告げ知らせていたからである」という極めて冷ややかな反応でした。

そこでパウロはアレオパゴスの真ん中に立って「あなたがたが知らずに拝んでいるもの、それを私はお知らせしましょう」(23節) として、天地創造から説き起こし、神の救いの歴史とその成就としての救い主イエス・キリストの十字架と復活の福音を大胆に語りました。しかしそこでも人々の反応は「死者の復活ということを聞くと、ある者は嘲笑い、ある者は、『それについては、いずれまた聞かせてもらうことにしよう』」(32節) という冷笑と淡泊な無関心さばかりでした。

ところがそんな中にも「彼に付いて行って信仰に入った者も、何人かいた。その中にはアレオ

パゴスの議員ディオニシオ、またダマリスと言う女やその他の人々もいた」（34節）と記されます。ここにも同じみことばを聴いて起こる反応の多様さの不思議を思わざるを得ません。

さらに18章では、これまでテント造りをしながら自給伝道をしていたパウロたちが、コリントでは「パウロは御言葉を語ることに専念し、ユダヤ人に対して、メシアはイエスであると力強く証しした」（5節）のですが、「彼らが反抗し、口汚く罵った」（6節）ので、パウロはユダヤ人たちに対して「私には責任がない」と宣言するに至ります。

しかしそこでも「会堂長のクリスポは、一家を挙げて主を信じるようになった。また、コリントの多くの人も、パウロの言葉を聞いて信じ、洗礼を受けた」（8節）とあるように、ユダヤ人たちの極端なほどの拒絶の後に、同じユダヤ人でも有力な会堂長クリスポ一家と多くのコリントの人々がともにみことばを受容する様が描かれるのです。

次いで19章で、パウロの三度にわたる伝道旅行の中では珍しく約三年に及ぶ滞在期間を過ごしたエフェソでは「パウロは会堂に入って、三か月間、神の国について堂々と論じ、人々の説得に努めた。しかしある者たちが、かたくなで信じようとせず、会衆の前でこの道を非難したので、パウロは彼らから離れ、弟子たちをも退かせ、ティラノと言う人の講堂で毎日論じ合った。このようなことが二年も続いたので、アジア州に住む者は皆、ユダヤ人もギリシア人も主の御言葉を聞くことになった」（8－10節）とあります。ここでもみことばに対する「受容」と「拒絶」は繰り返されますが、パウロの宣教の拠点が「ユダヤ人会堂」（シナゴーグ）から「講堂」（スコレー）に移ったことが印象に残ります。

そして21章からパウロのエルサレムへの、さらにはローマへの船旅の様子が描かれていきますが、エルサレムでは周囲が心配し、パウロ自身も覚悟していた通り、エルサレム神殿内でユダヤ人の大群衆に捕らえられ、ローマの守備隊に身柄を拘束されます。そこで大隊長の許しを得たパウロは22章1節から21節にかけて、自分自身の回心と異邦人に福音を宣べ伝えるために召された経緯を証ししました。結果は予想通りのもので、「パウロの話をここまで聞いていた人々は、声を張り上げて言った。『こんな男は、地上から除いてしまえ。生かしてはおけない』」（22節）と「わめき立てて上着を投げつけ、砂埃を空中にまき散らすほど」（23節）の抗議行動へとヒートアップしていきました。

これらのユダヤ人たちのパウロに対する反対や抗議のエスカレートぶりを見ると、彼らがパウロのことばを聴き続けているうちに、いつしか心の内に主イエスを十字架につけたことへの責められる思いや罪の意識が芽生え始めていたのではないか、そのような心中の呵責を打ち消すために暴力に訴えていったのではないかとすら感じさせられるのです。

やがてカイサリアに身柄を移されたパウロは、この地で二年以上も監禁生活を余儀なくされるのですが、この間、カイサリアに派遣されていた総督フェリクスの前で弁明する機会を得ます（24・

10－21)。フェリクスはパウロの弁明を聞いて裁判の延期を決定するのですが、個人的な関心から「ユダヤ人である妻ドルシラと一緒に来て、パウロを呼び出し、キリスト・イエスへの信仰について話を聞いた」(24節)とあります。しかし「パウロが正義や節制や来るべき裁きについて話すと、フェリクスは恐ろしくなり、『今回はこれで帰ってよろしい。折を見て、また呼び出すことにする』と言った」(25節)とあります。ここには「受容」と「拒絶」のいずれにも分類されない「優柔不断さ」、「決断の先延ばし」といった態度が現れていると言えるでしょう。

やがてローマ行きの船旅で大変な危険に遭遇したパウロ一行でしたが、ようやく28章でローマに到着し、軟禁状態下に置かれることになります。そこでもパウロのもとには大勢のユダヤ人やローマ人が訪れ、「パウロは、朝から晩まで説明を続けた。神の国について力強く証しし、モーセの律法や預言者の書を引用して、イエスについて説得しようとした」(23節)のでした。そしてその結果はやはり「ある者は話を聞いて納得したが、他の者は信じようとはしなかった」(24節)というものでした。「互いの意見が一致しないまま、彼らが立ち去ろうとしたとき、パウロは一言、次のように言った。『聖霊が預言者イザヤを通してあなたがたの先祖に語られたことは、まさにその通りでした』」(25節)といって旧約聖書のことばを紹介するのですが、それがまさに先の第2節で学んだ、預言者イザヤの召命の際に主が語られたことばでした。「この民のところに行って告げなさい。あなたがたは聞くには聞くが、決して悟らず／見るには見るが、決して認めない」(26節)。

6　神の語りへの応答の多様さ

以上のように、私たちに対する「神の語り」は旧約、新約を通して実に多様なものでした。それは、それだけ主なる神がご自身の救いのみこころを伝えようとしてくださろうとする、私たちに対する「主の熱情」(イザヤ9・6、37・32)の現れであったと言えるでしょう。

それに対して、私たち人間の側の応答はどのようなものだったでしょうか。端的に言えば、旧約の時代も、主イエスの時代も、使徒たちの時代も、聴き手たちの応答は「受容」か「拒絶」のいずれか、あるいはいずれの決断にも至らない「優柔不断さ」、態度決定の「先延ばし」でした。

中でも、異邦人の使徒として召されたパウロの宣教においては、ユダヤ人の「拒絶」は相当なものであり、しかもそれは次第に過激化していきましたが、とはいっても「ユダヤ人は拒絶」、「異邦人は受容」と簡単に固定化することはできず、「ユダヤ人の受容」と「異邦人の拒絶」もあれば、いずれの人々も受容したことも、拒絶したこともありました。当時のローマ社会の身分制の中にあっても地位の高い人も低い人も、受容する人は受容し、拒絶する人は拒絶したと言うこともできるでしょう。

こうしたことから、「こうすれば受け入れられる」、「こうしたら拒絶される」というような特定の原則や法則を見出すことはできないということがわかってきます。しかしはっきりしているのは、主なる神が、ご自身の召された「語り手」を通して、ご自身の救いのみこころをはっきりとしたかたちで語らせ、人々がその語りかけをともに聴きながら、それにもかかわらず「聴き手」の側の応答は必ずしも同一ではなく、多様であるという事実です。そこには父なる神の主権的な選びとの関わりがありますが、ここではその議論には立ち入らず、あくまでも神のみことばを聴き、信じて受け入れる人もいれば、それを受け入れられずに拒絶する人もいる。あるいはそのどちらにも属さず、「とりあえず聴いた」ということで満足し、あるいは決断できずに態度保留のままの人もいる。この事実を押さえておきたいと思うのです。

こうしたことはすでにわかりきったことであったかもしれません。しかしこの先の議論に進んで行くにあたって、同じ福音のみことばが語られていながらも、聴き手たちの応答が皆、同じではなく、多様であったという事実を聖書の証言から確認しておくことは、意味のある作業であると思います。

第四章　どうして聴けなくなったのか

1　どうして聴けなくなったのか、どうしたら聴けるようになっていけるのか

ここまで、私たちの間に「説教が聴けない困難」があり得ること、そして、そのより深いところにみことばが「聴けないつらさ」があり得ることを認め、その現実を直視することから議論を進める準備をしてきました。そこで確認した事柄を箇条書き風に挙げてみると以下のようになります。

第一に、私たちの信仰の営みの途上では、時に「説教が聴けない」というつらさを味わうことがあること。それは「こんな信仰ではダメだ」と、すぐに良し悪しの問題として評価するのではなく、そこで立ち止まって祈りつつ考えるべき大事なテーマが含まれていること。

第二に、「説教が聴けない」と感じることの本質にあるのは、単に主日礼拝における「説教」の問題以上に、その本質として「神のみことばが聴けない」つらさであること。それゆえにこれが信

仰のいのちに関わる大事なテーマであるということ。

第三に、「神のみことばが聴けない」というつらさが生まれる原因の一つに、みことばの「語り手」である説教者と、みことばの「聴き手」である聴衆の間に、ある種の「ズレ」が生じてしまっているということ。

第四に、この「語り手」と「聴き手」の間に生じる「ズレ」には、以下に考えていくようなさまざまな要因が考えられるが、しかしその根本にあるのは、そもそも「神のみことばを聴こうとしない」という人間の罪の現実があるということ。

第五に、この「ズレ」の原因は、「語り手」と「聴き手」のどちらか一方に起因するものとは言えないこと。それぞれがその原因を相手にのみ見出そうとするならば、問題の解決には至らないゆえに、語り手も聴き手も主のみ前に身を低くし、心を開いて教えられる必要があるということ。

第六に、同じみことばを聴いていても、各人によってその反応は多様であり、旧約聖書の預言者、主イエス・キリストの神の国到来の告知、使徒パウロの福音宣教の実践を見ても、そこには人々の「受容」、「拒絶」、そのいずれにも至らない「優柔不断さ」や態度決定の「先延ばし」があるということ。

そこで本章からは、以上の点を踏まえた上で、「どうしてみことばが聴けなくなったのか」の原因をできるかぎり分析し、そこから、「ではどうしたらみことばを聴けるようになっていけるのか」

を、できるだけ具体的に考えていきたいと思います。

2　「聴き手」である自分自身の課題

まず考えたいのは「聴き手」である自分自身のことです。どうして説教を聴けなくなってしまったのか。いつから聴けなくなってしまったのか。それは一時のことなのか、長く続いていることなのか、そうだとすればそれはいつ頃のことなのか、何か思い当たる原因があるのか。それともまったく心当たりがないのか。こういったことを一つひとつ自問することすらつらいかもしれません。しかしできる限り自分を顧み、落ち着いて省察してみることが必要でしょう。

以前に、私は自分自身の大きな失敗について記しました（『教会に生きる喜び』六〇－六二頁）。その失敗とは、当時、奉仕していた教会で、私の説教を聴いていた信徒のお一人が、「先生の説教を聴いているといつも裁かれているように感じられて、つらい」と言われ、最終的に教会を去っていかれたという出来事でした。これは直接には続く第3節で扱う「語り手である説教者」の課題なのですが、しかし聴き手の側に立った時、そこで思い当たることがいくつもあります。

第一に、牧師の語る説教が「神の福音のみことば」でなく「律法のことば」として響いてくるという問題です。その時、その方は私の説教について率直に「いつも神さまに裁かれているようでつらい」と伝えてくださいました。語り手である自分は福音を語っているつもりでしたが、しかし実際に聴き手である信徒がそこで聴き取っていたのは「律法」の響きだったのです。ここには語り手と聴き手との間に深刻な「ズレ」が生じています。

もちろん説教で「律法」を語ってはならないということではありません。そうではなく、問題の核心は「説教の律法主義化」の問題です。この痛恨の出来事をきっかけに、私は説教の律法主義化の問題を考えさせられるようになりました。その際の助けとなったのは、マンフレッド・ヨズッティスの『現代説教批判――その律法主義を衝く』（加藤常昭訳、日本基督教団出版局、一九七一年）でした。この本は、著書のヨズッティスがラインラント州福音主義教会で実際に語られた「総計九〇七篇の説教、小説教、聖書研究を集め、一定の視点に従って研究し、一定の関連において評価してみた」（九頁）もので、「総計五三教会、一二五人の説教者のもの」（一〇頁）とのことです。その結果、聖書のテキストが説教者によって誤用され、そこに律法主義的な語り方が入り込んでしまうことを、実証的に証明しています。

そこでヨズッティスはこのような重要な指摘をします。「福音を純粋に宣教しようと思う者は、福音を律法から明確に区別することを学ばなければならない。なぜならば、福音の福音たるゆえんは、その律法との差違にあるからである。しかしまた第二に承認されることはこうである。福音を理解する者は、律法を新しく、つまり通常の方法とは違った方法で説教することを学ぶのである。

なぜならば福音の福音たるゆえんは、人間の罪が律法を誤用することによっておちいった律法主義的性格から、神の律法を解放することなのである。それゆえに、律法と福音の区別とともに与えられたのは、律法と律法主義との区別でもあるのである。しかもこの第一の区別が第二の区別を明るく照らし、正しく保持し、その頽廃から守るのでる。すなわち律法と福音が混同されることが原因となって、福音のイデオロギー化と律法の道徳化が結果してくるような宣教の形が律法主義と言われるのである」（一二四頁）。

当時、私はエフェソ書の連続講解説教に取り組んでいましたが、後になってこの頃の説教を振り返ると、エフェソ書の「命令法」を説く自分の語り方に、まさに律法主義的歪曲が生じていたように思います。

また説教が聴けない理由の第二は、説教者を信頼できない、あるいは信頼が揺らいでいるということがあるでしょう。牧師の言動に躓きを覚えたり、傷つけられたりしたというような経験があれば、その人の語る説教をどれほど神のみことばとして聴こうとしても、そこに困難が生じるのは容易に想像できます。そしてこれは決してまれなことではありません。もしそのような場合、牧師と直接話し合うことや、誰かに介在してもらうような助けを得て話し合いの場を設け、自分の思いを率直に伝えることで、双方が自分の非や足りなさを認め合い、互いに受け容れ合い、和解することで「ズレ」が解消できれば何よりです。

しかし、これとの関連で難しいのはハラスメントに関わる問題です。これは教会のカルト化の問題とも絡めて、しばしば起こり得ることです。もしハラスメント行為が常態化している、あるいは同様の経験をした人が他にもいるような場合には、しかるべき対応が必要となるでしょう。そのような場合には一人で抱え込むことなく、信頼できる信仰の友や教会役員に相談することもあるでしょうし、教団教派によってはそのような相談窓口を開設しているところもあります。

第三に考えられる理由として、自分自身の信仰が成長の途上にあって、まだ聖書の理解や教理の理解が十分整理できておらず、説教で何が語られているのかがよくわからない、ということもあるでしょう。それは決して恥ずかしいことでも、劣ったことでもありません。わからないことはわからないこととしてそのままにしておかず、信仰の先輩にアドバイスを求めてもよいでしょうし、牧師に質問してもよいでしょう。教会で行われているさまざまな学びの機会に積極的に参加するのも信仰の成長には絶好の機会ですし、聖書の解説書や説教集、信仰の書物を手にすることも有益です。

その上で私からの一番のお勧めは、聖書そのものを通読することです。創世記からヨハネの黙示録まで読み通すのは決して容易ではありませんが、とにかく一年で一回、聖書を読み通してみる。一度できたら次はそれを繰り返してみる。声に出して読んでもよいですし、中には「写経」と同じように聖書全巻を筆写された方もあります。また今では「聴くドラマ聖書」や「聖書協会共同訳」の audible 版のように、スマホなどで朗読を聴くこともできます。

私は毎朝、「聖書協会共同訳」聖書を開き、目で読みつつ耳で聴きつつ、一日一〇章を目安に通読していますが、なかなかよいものだと思います。とにかく自分に合った仕方を見つけて聖書そのものに親しんでいく。そうすることで次第に語られていることの意味がわかってくる。ピントがはっきりして説教の輪郭が見えてくるようになります。

さらに第四に考えられる理由として、自分の中に抱えている深刻な悩みや課題、たとえば職場の人間関係や夫婦、親子の関係の問題、仕事上の悩み、将来の進路についての悩み、恋愛についての悩みといった、自分の心の深いところに大きく重くのしかかっている課題と、語られる説教との間に「乖離」を感じる場合です。牧師は誠実に聖書を調べ、その歴史的背景や語句の意味について説明してくれ、そこから何かしらの教訓や信仰の命題を熱心に提示してくれている。その姿勢からは真摯さが伝わってくるし、敬意も払いたい。しかしそれが自分自身の抱えている課題と結びついてこない。どこか他人事のように聞こえてくる。そんな自分の説教の聴き方が悪いのか、急いで具体的な答えを求めすぎているのか、そもそも説教にそのような解決を期待するものではないのか、などとさらに悩みが膨らみます。

一方で、土曜日の夜になって明日までに解決しなければならない急な案件が生じた、教会に来る途中で何かトラブルに見舞われた、日曜日の朝から夫婦喧嘩、親子喧嘩をして気まずいまま教会に来てしまった等々、心をかき乱されてしまって、落ち着いてみことばを聴く心が妨げられるということもあるでしょう。あるいは連日の残業続きでクタクタの上に、教会で抜けられない奉仕があって、心も身体も疲れ切っているということもあるでしょう。そのような時にみことばに集中できない、説教を聴く心持ちになれないというのは、ある意味当然のことです。

そんなとき、自分を責める必要はまったくありません。主の前に静まり、自分のありのままの姿を見せ、「今の自分はこんな状態です。とてもあなたのみ前に出られるような姿ではありません。みっともないことです。それにこんなに疲れ果てています」と率直に申し上げ、できれば礼拝前に仕事の段取りは一端脇に置き、喧嘩相手と仲直りをし、無理をしないで心と身体を休めることも大切です。事情を話して一切の奉仕から手を引き、ただ礼拝の場で主の前に身を置くということだけでも十分かもしれません。

主の安息にあずかり、主からの憩いをいただくことを一番にすることで、不思議と時とともに課題の解決へのヒントが与えられたり、問題を乗り越えることができたり、かえってみことばへの飢え渇きが増して、語られる説教に集中することで、みことばによる癒しを経験することができる。主イエス・キリストは私たち一人ひとりの今の姿を、その心の奥底まで一番よくご存じでいてくださり、あわれみと慰めのみ手を差し伸べてくださるお方なのですから。

3 「聴き手の共同体」である教会の課題

次に考えたいのは教会の課題です。教会はそのかしらなる主イエス・キリストによって召集された者たちの群れ、「エクレーシア」であり、キリストの贖いの恵みに与ることによって互いに結ばれた「コイノーニア」であり、その互いが仕え合い、また教会として隣人に仕える「ディアコニア」の共同体です。

しかしそのような教会において「みことばが聴けない」という事態が生じているとすれば、それをそのままに放置することはできません。そこではキリストのからだなる教会が傷つき、痛み、場合によってはいのちの危機が生じていると言っても決して大袈裟な表現ではないでしょう。

教会がみことばに聴けない状態に陥っている。そこで考えられる一番の原因は、教会の中に何かしらの問題が生じて混乱が起こっているということです。それによって教会の中で問題の認識の有無や問題の深刻さに対する認識や問題解決の方法、その進め方などに対する意見の相違が表面化している。牧師や長老会、役員会といったリーダーシップに対する不信や不満が噴出している。牧師と信徒、牧師と役員会、役員会と信徒、信徒と信徒の間に目に見えた対立や摩擦が生じてしまっている、教会が事実上、分裂の危機に瀕しているというような心痛む状況があるでしょう。

それによって皆が心一つに礼拝に集うことができない。説教を聴くこともできない。教会支持派と牧師・役員会支持派とが分裂状態に陥り、ある人々は他教会に移ってしまう。自分たちだけで集まって礼拝を始める。そんな教会の姿に躓いて教会を去ってしまうというような心痛むケースをいくつも見てきました。またそのような状況にありながら、不思議と礼拝だけはいつもと変わらぬ光景で淡々と進められているという教会もあります。「大人の対応のできる教会」と言えなくもありませんが、私からすれば、そこには真実な神礼拝とは違った、形式化した礼拝、形骸化した礼拝、信仰の心と身体が使い分けられた礼拝という、より深刻な問題が現れていると言わざるを得ません。

教会が説教を通して神のみことばを聴けない状態になっているとすれば、それはキリストのからだなる教会のいのちの危機です。そこでは何と言っても使徒信条の「われは聖霊を信ず」、「聖なる公同の教会を信ず」、ニカイア・コンスタンティノポリス信条の「われらは主にしていのちを与える聖霊を信ず」、「われらは唯一にして聖なる、公同の使徒的教会を信ず」との信仰告白が問われています。

いずれの信条も三位一体の神への告白の第三項、「聖霊」への告白に続いて「教会を信ず」と告白されますが、ここでの「信ず」は「三位一体の神」を「信ず」とは質の異なるものです。なぜなら教会は「三位一体の神を信ず」と同じような意味での信仰の対象ではないからです。しかし、だからといって教会を信じることを重んじなくてもよい、後回しにしてもよい、あきらめてもよい、ということにはなりません。

教会は天国ではありません。いつも皆が仲良く、心一つに歩めるばかりではありません。私は前任教会で会堂建築に携わりましたが、いくつもの教会の前例をうかがう中で、会堂建築をきっかけに教会の中の隠れていた問題が表面化し、会堂は建ったけれど教会は分裂してしまった、というような心痛む話をいくつも耳にしました。何も問題のない教会というのは一つもないでしょう。教会は「罪人の集まり」だからです。教会に何かしらの問題が生じているとすれば、その原因やその責任は、もしかすると牧師にあるかもしれません。特定の信徒あるいは複数の信徒たちにあるかもしれません。長老会・役員会にあるかもしれません。

キリストのからだ全体が痛み、いのちの危機に瀕しているときに、原因探求や責任追及は大事なことですが、その前にすべきことがあるだろうと思います。それはキリストのからだに連なるすべての者が、今の自分たちの姿を直視し、そして教会のかしらなる主イエス・キリストの前に跪き、頭を垂れて、まず心からの悔い改めを為すということではないでしょうか。それを忘れて互いに自分を正当化し、相手を言い負かし、勝った負けたを云々するようでは、それを教会と呼ぶのはおこがましいことかもしれません。また「教会にこんな問題など起こるはずがない。こんな教会には躓いた。もう私はいち抜けた」といって教会を去ることも簡単です。しかし教会が「キリストのからだ」であることを本気で信じるとき、そして「教会を信ず」と本気で告白するとき、教会の問題は、決して誰一人にとっても他人事ではありません。

それなのに、教会のかしらなる主イエス・キリストを悲しませていることにも気づかず、その主イエスのみ前で、あたかもそのお方を無視するように、「悪いのは誰のせい」、「彼のせい」、「あの人が悪い」、「この人が悪い」と喧々諤々言い合っているならば、「皆、いい加減にしろ！」と主イエスから一喝されるのではないでしょうか。

私たちは「所詮、教会も罪人の集まりだ」と、そのことばに甘え、もたれかかって開き直ることはできません。なぜなら教会は「罪赦された罪人の集まり」だからです。しかもその罪の赦しのために起こったのが主イエス・キリストの贖いのみ業です。この十字架と復活の恵み深さを本当に深く思うならば、私たちの意見の相違や争いはまことに小さなものであり、それでかしらなるキリストを悲しませているならば、皆が主イエス・キリストのみ前にひれ伏して、赦しを請うべきものでしょう。そしてそこから問題を乗り越える道を必ず主イエスが開いてくださると信じ、そのために互いに謙虚になって赦しを請い合い、もう一度、主イエス・キリストのもとに心を集めてみことばに聴くことからすべてを始めていくことが必要なのです。

4　「語り手」である説教者の課題

最後に考えたいのは、みことばの「語り手」である説教者、牧師の課題です。そこですでに第2節でも触れた私自身の失敗をここでもう一度取り上げます。語り手は福音を説いているつもりでいたのですが、しかし聴き手はそこに律法の響きを聴き取り、結果として「みことばが聴けない」状態に陥ってしまったという、語り手と聴き手の間の深刻な「ズレ」の問題です。私はここでこの事例を自分のことを棚に上げて、他人事のように扱うことはできないのですが、あえて客観的にここで起こっていたことを分析して、一つのケーススタディとしてみたいと思います。

第一の問題は、説教者自身が「みことばの聴き手」になっているかという課題です。そこではまず説教者が「聖書」をどのような書物として理解しているかが問われるでしょう。私自身は、自分が「みことばの語り手」であることへの確信はありましたが、その前に自分自身が「みことばの聴き手」であるという姿勢を自覚していませんでした。そしてそのことがいつしか、自分の心の深いところで、自らの聖書理解の絶対化、ひいては説教者の権威の絶対化を引き起こしていたのではないかと思います。そしてその権威あるみことばの説教が届いていない現実を前にして、その権威が否定されたかのように感じていたのではないかと思うのです。

ヘブライ人への手紙の記者は1章1節、2節で「神は、かつて預言者たちを通して、折に触れ、さまざまなしかたで先祖たちに語られたが、この終わりの時には、御子を通して私たちに語られました」と記します。またルカは福音書の冒頭で「私たちの間で実現した事柄について、最初から目撃し、御言葉に仕える者となった人々が、私たちが伝えたとおりに物語にまとめようと、多くの人がすでに手を着けてまいりました」と記しています。

このように、「聖書」という書物は、神の語りかけを聴いた者たちが語り伝え、書き綴り、それらが集められた書物群です。そこでは当然のことながら、聖書記者たちの生きた時代の文化、言語、習慣、人間観、宗教観、価値観が大きく影響を与えています。しかもそれは古代オリエント世界やギリシア・ヘレニズム文化という、今の私たちとはさまざまな点で遠く隔たった時代と場所を背景としています。そこで神がご自身を啓示なさり、神の啓示がやがてさまざまなプロセスを経て文書化されていく。私たちはそれらのプロセスの全体に神の霊の働きがあり、それゆえに旧新約聖書六六巻を神の霊感による書物として受け取り、父なる神が御子イエス・キリストを通し、聖霊によって、聖書を用い、説教者を立て、聖書の説き明かしを通して今も語っておられることを信じて、今日も聖書に聴き、聖書を学び、聖書を説き明かすことで神のみこころを告知するのです。

つまり、聖書は神の語りの書であるとともに、それを聴き取った者たちの書でもある。その神のみことばの聴き手たちによって記された聖書を説く説教者は、この聖書を通して神のみことばの最初の聴き手となるのです。聖書は神の啓示の書ですが、同時に神の啓示が人間の言語を用いて書き記された人間の書でもあります。この神の啓示と聖書の関係は、永遠のロゴスなる御子の受肉の出来事との、ある種の類比で語ることが許されるでしょう。聖書は天から降ってきたわけではなく、真空状態の中で書かれたわけでもなく、特定の具体的な歴史的状況のもとで聖書記者たちが聴き取り、書き記したものなのです。

このように、聖書が「神のことば」であるということを、「神の啓示とその受容」という性質を踏まえて捉えるとき、説教者はそのようにして今、目の前に開かれている聖書を通して語られる神の語りかけの「最初の聴き手」として、謙虚に、忠実に、勤勉に聖書と向き合い、自らの聖書の読み方、聖書解釈の傾向や制約、偏りや限界さえ自覚しつつ、それでも「主よ、お語りください」と祈りつつ、開かれた心でみことばに聴くことが求められるでしょう。この自覚が弱かったり、欠けてしまったりする時、「聖書の権威」を語りつつ、「説教者の権威」の絶対化が生じ、聖書の読み方の重層性や多様性を見失うことが起こりうるのです。

第二の問題は、牧師が信徒の魂への配慮ができていないという課題です。かつて私のもとに来た方は、ある日、突然そのような訴えをなさったわけではありませんでした。もともと明るく快活で熱心な方で、私も信頼を寄せていた方でした。しかしある時からその明るい表情が消え、礼拝の説教中も下を向いておられることが多くなり、何となく以前と違う雰囲気であることは気づいていました。しかしその原因がどこにあるかを知ろうとすることに躊躇し、魂への配慮を怠っていました。今にして思うと自分の若さ（当時は二〇代前半）に引け目を感じ、年長の信徒の方の魂に踏み込んでいくことへの恐れと躊躇いがあったと思います。それでその聴き手の変化に気づきながら、そのままにしてしまっていたのです。それは牧会者として痛恨の過ちであったと思います。

第三に、自分の説教を過信していたという課題です。私は毎週「福音」を語っているつもり。しかし実際に信徒が聴き取っていたのは「律法」の響きだった。この「ズレ」を当事者との対話を通して知ったとき、まず私の心に浮かんだのは「自分は福音を語っているではないか。自分の説教のどこに神の裁きといったような響きがあるのか？」という相手への反論と自己正当化の弁解でした。つまりここには説教者自身の聖書理解、福音理解、それに基づく神学的な洞察への過信があり、謙虚な省察に欠けていたということがあります。自分は正しいことを語っている。それなのにどうしてそれをそのように受け取ってくれないのか。その責任を聴き手に押しつけていたのです。

第四に、聴き手に対する黙想に欠け、独り善がりで聴き手との対話が欠如した説教になっていたという課題です。当時の私は、たとえばボーレンの『説教学Ⅱ』で扱われる「聴衆」の問題、特に「第二のテキストとしての聴衆」（二一九－二二八頁）、「聴き手の創造的発見」（二二九－二三八頁）といったことを知りませんでした。むしろ毎週、毎週、一方的に自分が聖書から教えられ、釈義し、説教として準備したことばをなるべくそのまま、忠実に伝えたい。そのことで頭も心も一杯でした。小さな開拓教会でしたが、原稿から目を離すことができず、そこに集う二〇名ほどの方々の顔を見ることもほとんどできず、ひたすら原稿を読み上げるような説教に終始していました。

要するに経験の浅さゆえに余裕もなく、聖書を正しく説いて伝えなければならないと独り善がりな強い思いがあり、語り手である自分自身が「律法主義的」存在になっていたのでしょう。あるとき、説教後に「朝岡先生一人が先を行って、私たちに『早くついてこい！』と言われているようだ」という感想を言われたことがあり、ひどく落ち込んだことを思い出します。まさに聴衆との対話の余裕すらない説教だったのです。

第五に、聴き手への黙想との関係で、そもそもの人間理解の足りなさ、人間洞察の浅さがあったという課題です。「人間とは何か」という根源的な問いですが、神学校の「組織神学」の一領域としての「人間論」で学ぶような、神のかたち性、創造と堕落、義人にして罪人、聖化の途上性・漸進性といった、いわゆる「聖書的人間観」という神学概念は頭に入っていても、実際に目の前に生きている一人ひとりの存在、その人生、その日々の生活、仕事、子育て、親の世話、健康や経済、夫婦関係、親子関係、進路や恋愛、思春期の悩みなど、リアルな人間に対する理解、洞察が決定的に欠落していました。

この時期、私は二五歳から二七歳ぐらいの年齢で、結婚し、一人目の子どもが与えられ、子育てが始まったばかりの未熟な者でしたが、それだけでなく、教会の一人ひとりの姿を「日曜日の姿」でしか捉えていませんでした。一人ひとりが月曜日から土曜日までどのような毎日を過ごし、今どのような課題を抱え、今どのような問題と格闘し、今どのように次の一歩を踏み出そうとしているのか。そういったことに関心をまったく持っていなかったわけではありませんが、むしろ日曜日にどのような奉仕を担ってくれるのか、教会のためにどれほどの時間を割いてくれるのか、教会を一緒に担うのに信頼できる方かどうか、そういった視点にほぼ支配されていたと言ってもよいと思います。

そして第六に、以上のようなことの総合的な結果として、みことばの語り手である自分自身が、聴き手の皆さんの信頼、それは人間的な信頼以上に語り手が語る説教への信頼ですが、それでも説教の務めに召された説教者として、トータルな意味での信頼を勝ち得なかったということがあります。その中心には説教者としての聖書理解、説教理解、要するに神学的な訓練の不足がありました。それに加えて、経験の浅さや学びの足りなさゆえの説教の構成、ことば遣いや語り方の誤り、教会における牧師としての立ち居振る舞いなど技術的な稚拙さもあったと思います。私にとっては、これがもう一度、神学を学び直す直接のきっかけとなりました。

「みことばが聴けない」という現実に対する説教者の課題は、まだまだ挙げられるでしょう。説教者の生活の乱れ、敬虔さや品性の欠如、小さなミスの繰り返し、金銭感覚のルーズさ、社会的常識の欠如などが信頼を損ねることにつながることは否めないと思います。

信徒の方々に向けては、しばしば「人を見ないで神さまを見ましょう」、「説教者に躓かないために、説教のことばに集中しましょう」などといったアドバイスがなされることがありますが、実際にはことばと人格、説教と説教者とは切り離すことのできないものです。

そして一度、語り手の人格に対する信頼が失われてしまうと、それを取り戻すのは非常に難しいものです。信仰は人につながるものでなく、神さまにつながるものだとも言われますが、こと説教に関しては、率直に言って「あの人の話なら聴ける」と聴き手に信頼してもらえなければ、その魂に届くことばを語ることはほとんど不可能だと言ってよいでしょう。

もちろん中には成熟した聴き手として、説教者の人格、品性、その他は一切問わない、ただみことばを忠実に語ってくれさえすればよいとおっしゃる方がおられるかもしれませんが、ことばと存在は切っても切れない間柄にあるものですから、そのような切り分け自体が実際は不可能でしょう。そして繰り返すように、実際には自分の教会の牧師の説教では満たされず、なかば諦めのような思いと少しの後ろめたさを感じつつ、別の仕方で何とか魂の養いを維持しているという方も決して少なくないのです。ネットで公開されているあちらこちらの教会の礼拝説教を聴いて養われている。前任牧師の残していった説教録音を借りて家で聴き続けている。著名な説教の説教集を買い求めて読み漁っている。このままでよいとは思えないが、しかし今のまま教会の礼拝に出続けるのは最低限の務めと割り切ってしまっている。これらはみことばの聴き手としては非常につらいことですし、それを知った語り手にとってもショックです。

みことばの語り手として召された者にとって、求められる課題は広く、深いものがあることを十分に理解し、神について学び続けるとともに、人間についても謙虚に学び続ける姿勢が求められていると言えるでしょう。信徒一人ひとりとの対話からでも学ぶことは山ほどあります。冒頭で触れた「若い牧師は教えたがる」ということばも、謙虚に相手から学ぶ姿勢を持たず、「さあ、教えてやろう」という気負いに溢れた私への忠告だったのだと思います。

また、一度破綻した信徒との信頼関係の修復のためには、こちらから動くことも必要でしょうし、複雑な状況に置かれたならば、主の前に祈りつつ、主のご介入を待つ、ということも必要でしょう。こちらにまったく思い当たることがなく、しかも理由を尋ねても教えてもらえないまま、一方的に関わりを断ち切られるということもあり、ある意味、牧師は理不尽な目に遭うことの多いものですが、それも含めての召しを受け取った者として、寛容と忍耐の心をいただきながら、聖書を通して神の真理を教えられ、そこに生きる人間の姿を教えられ、また目の前にいる聴き手たちの姿から人生を教えられる。そのような「教えられる心」を忘れずに胸に刻みながら、同時に、神のみことばの仕え人として説教壇に立たされた以上、神を恐れつつ、みことばの力と権威を信じ、語るべく与えられたみことばを、ときには聴き手を恐れずにさえ、語り抜く確信と勇気と覚悟をも持ち続けていたいと思います。

第五章　私は何を聴きたいのか、何を聴くべきなのか

1　私は何を聴きたいのか

本書のテーマである「説教の聴き方」を具体的に扱うに先立って、二つの問いを考えたいと思います。第一は「私は説教において何を聴きたいのか」、第二は「私は説教において何を聴くべきなのか」という問いです。

本来であれば、私たちが「何を聴きたいのか」よりも先に「何を聴くべきなのか」が問われるのですが、ここではまず説教の聴き手である私たちが自分自身と向き合い、自分は神のみことばの説教に何を期待しているのか、どのようなことばを待ち望んでいるのか、何を聴きたいと願っているのか、その問いかけを思い巡らしたいのです。

二〇世紀最大の神学者であるカール・バルトが、スイスの小村ザーフェンヴィルの牧師であった若き日に語った説教があります。一九一六年二月、バルトが三〇歳のときにエゼキエル書13章1節

から16節から語られたもので、説教題は「人々を満足させる牧師」という挑戦的なものでした。そこでバルトはこう語るのです。

愛する会衆諸君。私は、あなた方が心で考えているだけでなくほとんど口にしたいと思っている一つの願いに対して、今日答えなければならない。あなた方は、それを私に向かって公然と言葉で言うことはしないけれども、私はそれを、あなた方において感じ取っているのである。家庭や身分や党派や信仰の区別なしに会衆諸君の十分の九の人々が、そのような願いを懐いている。あなた方は、私が偽りの預言者であってくれればいいという願いを、懐いているのである。そして、あなた方は（ある人々は好意的に善意から、また他の人々は立腹し敵意をもって）、なぜ私があなた方のそのような願いをかなえてくれないのかと、ひそかに私に問うている。……しかし、私は、自分の良心に自由を与えなければならない。そして、あなた方に語るべき答えを語らなければならない。その答えというのは、「私は偽りの預言者であることはできない」という答えである。もちろん、私にも、そのような預言者でありたいと思うことが、時にはある。しかし、神が、私の邪魔をされて、うまく行かないのだ。私は、あなた方の願いをかなえることができない。あなた方は、私から、何か別のことを願い、また期待しなければならない。……あなた方は、先ほど、偽りの預言者がどのような様子でいるかということについて、聖書から聞いた。……私は、それらすべてのことを、われわれの言葉に翻訳しよう。すなわち、偽りの預言者というのは、人々に満足を与える牧師のことなのである（後略）。

（『カール・バルト説教選集６』井上良雄訳、日本キリスト教団出版局、一九九一年、一八―一九頁）

バルトはこの説教を語った後、説教原稿を印刷して村の全家庭に配布したと言います。そこには若いバルトが感じていた「聴き手たち」の願望と、それに対するみことばの「語り手」としての矜持のようなもの、また神から遣わされた「預言者」としての強烈な自覚の姿勢が表れています。

確かに私たちの中には、「自分たちの聴きたいことを聴きたい」という願いがあります。またその裏返しとして「聴きたくない話は聴きたくない」のです。それは当然の心の応答でしょう。しかしそこでこそ私たちは「私は何を聴きたいのか」と自問したいのです。

いつの時代にも教会は「聴き手」たちのこのような願望と向き合ってきました。テモテへの手紙二４章３節、４節に「誰も健全な教えを聞こうとしない時が来ます。その時、人々は耳触りのよい話を聞こうと、好き勝手に教師たちを寄せ集め、真理から耳を背け、作り話へとそれて行くようになります」とある通りです。古い時代から教会には「耳触りのよい話」を聴きたい。自分たちにそのような話をしてくれる説教者を得たい。そんな願いを懐くことが繰り返されていたのでしょう。

私たちはどうでしょうか。私たちは神のみことばの語り手に、いったい何を期待しているのでしょうか。どんなことばを聴きたいと願っているのでしょうか。まず、自分自身の心の深いところと向き合う必要があるのではないでしょうか。

2　私は「本当のところ」、何を聴きたいのか

先に紹介したバルトの説教について、訳者の井上良雄先生が興味深い後日談を解説の中で紹介してくださっています。この説教が語られてから一六年後の一九三二年、バルトはある神学雑誌から求められてこの説教を掲載しますが、その末尾に次のような長い注を付けたというのです。

> 「人々を満足させる牧師」が偽りの預言者だということは、今日でも、牧師と教会員にとって聞くに価する表明である。しかしこの説教は一連の欠陥と間違いを含んでいる。当時私は、残念ながら、そのような欠陥と間違いをそれとして認識しなかった。……この説教は講解ではない。むしろ、聖書のテキストに寄りかかりながら、それは、このテキストに甚だしく反して、牧師という人間の高飛車な発言となっている。それは福音的説教ではなく律法的説教、しかも神的・律法的説教ではなくて、人間的・律法的説教である。……それは、牧師と教会員の間の人間的状況を、神の御言葉のもとに置かずに、むしろそのような人間的状況を動かすために神

の御言葉を用いているのである。……以上のような「取り消し」なしには、私は、この説教を、今日再び発表などしないであろう。私にも理解できる理由からこのような説教を喜ぶ若い牧師が、あちらこちらにいるかもしれないが、そのような牧師に対して、私は、同時に極めて真剣に、次のように呼びかけなければならない。「雄々しくあれ。私にならうな」と。

（『カール・バルト説教選集６』三五－三六頁）

ここでバルトは若い日に語った自らの説教を、潔いほどにきっぱりと自己批判するのですが、そのポイントとなるのは「牧師と教会員の間の人間的状況を、神の御言葉のもとに置かずに、むしろそのような人間的状況を動かすために神の御言葉を用いている」という指摘です。確かに当時、バルトが認識していた教会の状況への洞察、信徒たちの霊的状態への認識、それに対する説教に拠る対処という手段は的確であり、妥当だったでしょう。しかし問題の核心は、バルト自身が言うように、そこでは「説教」が語られつつも、それが「人間的状況を動かすために神の御言葉を用いている」、すなわち神のみことばの説教を、説教者が聴き手たちの状況を動かすための手段として用いてしまっていたということなのです。

ここでバルトが述べていることは、実際、多くの説教者が、そして聴き手たちが経験していることでしょう。しかもそこで起こっているのは、お互いに神のみことばを語り、聴いているようでありながら、現実には、バルトの表現を借りれば「福音的説教ではなく律法的説教、しかも神的・律法的説教ではなくて、人間的・律法的説教」となってしまっているということなのです。

ここに「語り手」と「聴き手」の間の「ズレ」の一つの根源的な理由があると言えるのではないでしょうか。これまで繰り返し触れてきたように、説教者は自らの語るみことばの説教が聴き手に「届かない」と感じ、聴衆は説教者から「説教」は聴いていても、「みことば」が聴けないと感じる。しかしこのズレをそのままにしておくと、その隔たりは次第に広がり、それによって次なる段階に進みやすいものです。

最初、説教者は聴衆に向けてまっすぐにみことばを語り、彼らの中に真摯な悔い改めと回心、救いの喜びとキリストへの服従という新しい生が起こることを願う。そのためには時に厳しい表現があったとしても、みことばがそれを語る以上は、みことばの語り手として、聴き手に忖度することなく、そのままに語る。

他方、聴き手たちは当初、自分を無条件に愛し、肯定する神の愛と、現状を追認し、心地よい安心を与えてくれる、励ましや慰めのことば、耳触りのよいことばを聴きたいと願う。そこに最初の「ズレ」が起こります。

次に説教者は、聴き手たちが期待しているのは、みことばをそのまままっすぐに語ることでなく、むしろ聴き手たちの必要を見出し、願いを満たす手段を提示し、厳しいことばでなく、やさしいことばを用いた慰めや励ましなのではないかと感じるようになる。そして自分の本来語りたい説教が受け容れられず、喜ばれない現実を前にして途方に暮れ、聴衆たちは自分にあたかも「偽預言者」のようになってほしいと願っているのではないかと思うようになり、神のみことばを後回しにし、気の利いた耳触りのよい話を提供して、自分を受け容れてもらおうと、次第に聴衆に媚びる説教をするようになる。

他方、聴き手たちは、当初、安易な慰めや肯定を求めていた自分の魂に向けて、説教者を通して神のみことばが大胆に、まっすぐに、時に厳しさをも含んで語られる中で、やがて「みことばを聴いた」という聴聞経験が起こり、さらにみことばを聴きたいという飢え渇きが起こる。しかしその時には説教者はすでにみことばを語ることを諦め始めており、聴衆もそれによってみことばが聴けないという本来なら憂うべき状況が生まれているのにもかかわらず、むしろ両者の隔たりは広がり、溝が深くなって、さらに「大きなズレ」が生まれてしまうのです。

以上に述べたことがまったく逆転して起こっていれば何も問題はないのですが、もしこのようなズレが起こっているとすれば悲劇的です。ではこうした深刻な「ズレ」とそれが生み出す悪循環を脱していくために、私たちはどうすればよいのでしょうか。

そこで第二の問いが必要となってきます。「私は『本当のところ』、何を聴きたいのか」。私は「自分たちを満足させてくれる説教」を聴きたいのか、そのような「耳触りのよい説教」を語る、「人々を満足させる」ための説教者を求めているのか。それとも「神が語りたいと願っておられるみことばの説教」を聴きたいのか、そのようなみことばをまっすぐに説き明かす、「神のみことばの語り手」としての説教者を求めているのか。本当のところ、私たちは何を聴きたいと願い、どのような語り手を求めているのでしょうか。

ここまで、「私は説教において何を聴きたいのか」、「本当のところ」何を聴きたいのか、という問いを考えました。これらのこの問いとの関連で、さらに踏み込んで問われるべきは、「説教者は『聴き手は何を聴きたがっているか』をわかっているのか」ということでしょう。

すでに触れたように、確かに私たちの内側には「聴きたいことを聴きたい」という密かな願いが起こりがちです。「耳触りのよい話」に流される傾向もあります。しかし、聴き手の求めはそれだけか、といえばもちろんそうではありません。当然のことながら、みことばへの飢え渇きは真剣であり、切実なものです。一週間を生き抜くためのいのちの糧を求めて彼らは集まってきます。「人はパンだけで生きるのではなく、人は主の口から出るすべての言葉によって生きる」（申命８・３）と信じるゆえに、彼らは万難を排して礼拝にやって来る。それは決して大袈裟なことでなく、文字通り「生きるか死ぬか」のいのちに関わることだからです。

それほどの切なる求めをもって会衆席に座っているみことばの聴き手たちの飢え渇きを、説教者がどれほど真剣に切実に受け取っているかが深く問われる必要があるでしょう。「説教したがる説教者」の陥りやすい過ちは、「聴き手は何を聴きたがっているか」をわかっていないということです。「わかっていない」とは、わかろうとせず、知ろうとせず、誤解し、決めつけ、聴衆を「安く値踏みする」ということにもつながります。

聴衆の真剣で切実な問いを聴き取る心が鈍り、聴衆は「みことばに対して無知であり、自分たちの願いばかりを期待しており、聖書を真理を教えてあげなければならない存在」と決めつけ、彼らの生きる現実とかけ離れた説教、書斎の中でこねくり回した高尚な聖書研究の成果発表のような説教、聞き齧りやうろ覚え、受け売りの知識をひけらかす説教、みことばの権威を振りかざし人々を支配しようとする説教。そこで得意げに語る説教者は、「人々を満足させる牧師」以上に「自分を満足させる牧師」となってしまっているのです。

こうした問いかけと正面から向き合い、嘘偽りなく、偽善や虚飾なしにその答えを自らの前に吐き出し、それを吟味することが必要です。このプロセスを経ずに「本当のところ何を聴きたいのか」という問いを曖昧にしたまま、「私たちは何を聴くべきなのか」を考え、そこで「神のみことばを聴きたい」という願いを心から抱くことなしに、ただ正解のように「神のみことばを聴かなければならない」と答えるならば、そこには律法主義が入り込み、結局のところ表面上は「説教者は語り、聴衆は聴く」という体裁は整えられても、実際の「ズレ」と「隔たり」はどんどん広がっていくことになってしまうでしょう。

もちろん、神はご自身の語りたいことを語られるお方ですから、私たちが何を期待しようと、何を拒もうと、神は事実、語るべきことばを語られ、そしてそれは聴かれなければならない権威あることばです。

それでも私たちが神のみことばの聴き手として「みことばを聴きたい」と心から願うことなく、「説教は聴かなければならない」とただ決まり事のようにそこに身を置いているだけならば、私たちのいのちはしだいに息苦しさを増し、衰えていってしまうでしょう。

大切なことは、「牧師と教会員の間の人間的状況」と、それを取り巻くあらゆる状況を、「神のみことばのもとに置く」ことです。そして説教者も聴衆もその神のみことばの前に進み出て、悔い改めをもってもう一度新しく、神のみことばを受け取り直すことです。使徒パウロがコリントの信徒への手紙二2章17節で「私たちは、多くの人々のように神の言葉を売り物にせず、真心から、また神によって、神の前でキリストにあって語っています」と記したように、「神によって、神の前でキリストにあって語る」説教が語られ、聴かれることが必要なのです。私たちが本当に聴きたいと願うのは、主イエス・キリストの「福音の生ける声」（viva vox evangelii）なのであって、まずはそれ以外の願いや求め、期待は手放されなければならないのです。

3　私は何を聴くべきなのか

「私は何を聴きたいのか」、「私は『本当のところ』何を聴きたいのか」。この二つの問いについて考えることを通して、神のことばの語り手と聴き手の間の「ズレ」の本質にあるもの、そしてそれを克服するための手がかりを探ってみました。その上で「私は何を聴くべきなのか」という問いを考えたいと思います。

宗教改革者ルターは一五三九年に出版された自身の『ドイツ語著作集第一巻への序文』（ルター研究所編『ルター著作選集』教文館、二〇〇五年所収）において、みことばの聴き方について詩編119編を取り上げ「この詩編全体を貫いて十分に示されている三つの法則を見るであろう。すなわち『祈り』（oratio）、『黙想』（meditatio）、『試練』（tentatio）である」と記しました。中世のカトリックの修道生活において勧められた「祈り」、「黙想」、そして最後の「観想」（contemplatio）に代えて、ルターは「試練」（tentatio）と言うのです。

それは罪と悪の問題を巡って深く実存的に悩み続けたルターの体験的なことばと言えますが、とりわけここでは、みことばを聴くという経験そのものが一つの「試練」（tentatio）であると言われるのです。「試練」と言われると、私たちにはすぐに何を指しているのかわからず、戸惑いを感じる難しいことばに思えますが、実際には私たち自身が日々聖書を読み、説教を通して神のみことばを聴くときに経験している、極めて身近で実存的な経験でもあると言えるでしょう。

ルターは詩編119編を、その作者と考えるダビデと自らの経験と重ねるようにしながら次のように言います。「第三に、試練がくる。この試練は試金石であって、すべての知恵を越える知恵である神のことばが、どれほど正しく、どれほどまことで、どれほど心地よく、どれほど好ましく、どれほど強く、どれほど慰めに満ちたものであるかを知り、それを理解するように教えるばかりでなく、また体験するように教えるものでもある。したがって、ダビデが、あらゆる種類の敵、無法な君主や暴君、異端者や暴徒について、しばしば嘆いているのを、前述の詩編のなかに見るであろう。ダビデは黙想したので、すなわち（彼のいうように）あらゆる仕方で神のことばに打ち込んでいたので、無法者をも耐え忍ばなければならなかった。なぜなら、神のことばが、あなたがたのうちに育つと、すぐさま、悪魔があなたに襲いかかるが、しかしあなたを真の博士につくりあげ、悪魔からの試練によって、神のことばを求め、これを愛することをあなたに教えるからである」（六三三頁）。

私たちが神のみことばを聴くとき、そこで私自身の外側からさまざまなサタンの揺さぶり、攻撃が起こってきて、みことばを取り去っていこうとする。あるいは私自身の内面が深く探られ、隠されていた罪が示され、それらが露わにされる。語られたみことばによって心を深く刺され、主イエス・キリストの十字架と復活による贖いと、それによってもたらされた赦しの恵みの大きさを改め

て受け容れるとき、自らのうちに大いなる変革がもたらされる。このような経験は、私の人生において
ある種の「危機」が生じることを意味しており、それはみことばによって、みことばの説教によって起こることなのです。

そうであるならば、私たちが神のみことばの説教を聴くにあたって本当に必要なのは、みことばがもたらす試練、危機を受けとめ、それによってもたらされる大いなる変革を受け容れることでしょう。それには時に大胆な勇気が必要であり、明確な決断が必要です。聴いたみことばに従うというきっぱりとした態度表明が必要です。しかしそれらはすべてみことばとともに働いてくださる聖霊の神が私たちの内にあって働き、支えてくださるものです。聖霊の神に信頼してみことばを聴くとき、私たちの思いを超えた変革が生まれるのです。

第Ⅱ部　説教の可能性

第六章　説教を聴く備え

1　聖書を読む、聖書に親しむ

ずいぶんと長い前置き、回り道をしてきましたが、本章からいよいよ本書の主題である「説教の聴き方」に関わる内容に進んでいきます。本章では「説教を聴く備え」、第七章では「説教を聴く実際」、第八章では「説教を聴き終えて」というテーマで考えてみましょう。

プロテスタント教会の公的礼拝では、みことばの説教が中心的な位置を占めています。もちろん説教と聖礼典は切り離すことができないものです。主の晩餐を毎週行う教会もあれば、毎月の第一主日、イースターやペンテコステ、宗教改革記念日、クリスマスなどにも主の晩餐を祝う教会もあるでしょう。しかし主日の公的礼拝で説教を行わない礼拝というのは基本的に考えられません。また主の晩餐は洗礼を受けた者があずかる恵みの礼典である（ある教団では未受洗者の陪餐を巡ってさまざまな議論がなされているようですが、私の属する教団は主の晩餐は洗礼を受けた者、幼児洗礼で信仰告白［堅信礼］をした者のみがあずかる恵みの礼典と考えています）のに対して、すべての人に提供される神の恵みの手段としてみことばの説教が中心に置かれていることは、礼拝式順の中での位置やその占める時間的分量からしても明らかです。

だからといって礼拝式順を分解して「説教のみ」を取り上げて論じることは、本来の礼拝のあり方からすれば相応しいことではありません。前奏、招きのことばから始まり、祝福と派遣、後奏までの一連の営み全体が公的礼拝だからです。その意味では「説教を聴く備え」は、説教だけ備えが必要という意味でなく、主日の公的礼拝そのものへの準備が大切であることを前提としています。

そこで「説教を聴く備え」の最初に取り上げるのは「聖書を読む、聖書に親しむ」ということです。その大切さはすでに第四章第2節でも触れたことですが、ここでは特に公的礼拝におけるみことばの説教を聴く備えとして、聖書を読むこと、聖書に親しむことの大切さを覚えたいと思うのです。中でも一番にできる備えは、来たる主日礼拝の説教箇所をあらかじめ読むということです。

説教と一口に言っても、そこにはさまざまな形があります。プロテスタント教会が伝統的に大切にしてきたのは、たとえば聖書の中の一つの書物を取り上げて、それを1章1節から順々に取り上げていく「連続講解説教」と呼ばれるものです。その中でも一節、一節の意味を明らかにしながら逐語的に語っていく、古代教会の「ホミリア」に近い形もあれば、聖書の内容のかたまりによって区切りながら語っていくような形もあります。またその日毎に語られるべき主題が提示され、その根拠になる聖書が説かれる「主題説教」や、キリスト教信仰の教えの全体を体系的に語っていく「教理説教」、教会が古くから大切にしてきた「十戒、主の祈り、使徒信条」を説く「三要文」説教などもあります。教会の暦に従って一年間の聖書箇所が定まっており、それに沿って主日の説教が語られる教会暦による説教もあります。

いずれにしても主日の礼拝で聖書が説き明かされるわけですから、聴き手ができる一番の備えは、その礼拝で説かれるみことばをあらかじめ自分でも読み、味わっておくということでしょう。じっくりと時間をかけて予習をすることもよいことですし、一通り目を通すだけでも、ずいぶん違いがあると思います。礼拝に臨むにあたり、説教を聴くにあたっては、備えが必要だということをまず強調したいのです。

みことばの語り手である説教者は、当然のことながら毎日みことばと格闘しています。特に来たる主日の説教のためには一週間のうちの多くの時間と心を割いて、説かれるべき聖書箇所を何度も繰り返し読み、釈義をし、黙想をし、説教原稿をまとめ、そして主日礼拝に臨みます。説教を語り終えて、もうその夜のうちには翌週に説教する聖書箇所について考え始めているのです。

みことばの語り手がそこまで聖書と密着しているのであれば、聴き手である私たちも、来たる主の日の礼拝を待ち望み、祈り備えながら、その日に説かれる聖書を読み、主がこの日、説教者を通してどのようなことを語ってくださるかに期待し、説教準備に励む説教者のために祈ることは自然なことですし、それが習慣となって身に付いていけば、教会全体の体幹が強められていくことになるでしょう。

今の社会で、主日の礼拝を守ることを阻む最大の問題は「忙しさ」にあると感じます。とても準備などする間などない。礼拝に駆け付けるだけでも精いっぱいという方もおられることでしょう。私もかつて東京の教会で奉仕していたときは、そのようなことにできるだけ対応したいと願い、朝の六時半、九時、一〇時半、夕方五時の四回礼拝を行っていました。それでも難しい人とは個別に時間を決めて二人で礼拝を献げたことも幾度もあります。

しかし主なる神の招きをいただいた以上は、それを生活の優先順位の第一とすることを大切にし、祈りと準備をもって礼拝に臨むことを勧めてきました。神学生時代に通ったある教会では、礼拝の始まる一時間前には、まだ誰もいない礼拝堂の最前列の席に牧師がひとり座って、膝の上に聖書を置き、静かに礼拝に備えておられました。そのような無言のたたずまいから礼拝への備えの大切さを教えられたことでした。

このように主日の公的礼拝に説き明かされる聖書箇所をあらかじめ読むという準備の大切さを強調した上で、やはりその前提となるのは日々の生活の中で聖書に親しむということでしょう。一週間のうち聖書を開くのは土曜日と日曜日、ということでは心許ない。むしろ毎日、一日の始まりや終わりに聖書を読み、静まり、祈る、「静思の時」（デボーション）の大切さ、カトリック教会の

「霊想」の伝統に学ぶこと、また最近、プロテスタント教会でも聞かれるようになった「霊的同伴」（Spiritual Direction）といった、信仰の同伴者に伴われながら、霊的な修養の道を進むことも奨励されるものです。いずれにしても要は「聖書に親しむ」生活を大切にしたいのです。

聖書通読の恵みは既に触れたとおりですが、忙しい毎日の中で「しなくてはならないこと」という義務感のように聖書を読むことになっては本末転倒です。毎日、長い箇所を読む必要は必ずしもありません。今では各世代に向けて工夫を凝らした数多くのデボーションの書物が出ていますし、ネットで配信されたり、毎日メールでその日の聖句が送られてきたり、というものもあります。教会単位で牧師がそのようなデボーションメールを送っておられる教会もあるでしょう。またドイツ敬虔主義の伝統から生まれた『日々の聖句』（Losungen）は、毎年新しく出版され、一日ごとに旧約から一節、新約から一節が選ばれて、深い霊性の涵養に長く用いられてきたものです。

聖書に親しむという点では、さまざまな日本語訳を読み比べたり、年ごとに通読する聖書を替えてみたりするのもよいことです。それぞれの教会で使われている公用聖書があるでしょう。聖書協会共同訳、新改訳2017、新共同訳、口語訳など広く用いられているものから、文語訳など近代日本語に影響を与えてきたもの、カトリック教会の優れた翻訳であるフランシスコ会訳、各書の訳者を明記して特色ある翻訳となっている岩波翻訳委員会訳などから、旧約であれば関根正雄訳、新約であれば前田護郎訳や田川建三訳といった個人訳も出ています。英和対訳の聖書などもありますし、中には信徒の方でもヘブライ語やギリシア語を習得して原典で聖書を読む方もおられます。日本に限らないことですが、同じプロテスタント教会の中にもさまざまな教派教団がありますが、それとともに「主流派」と「福音派」と呼ばれる大きなまとまりもあります。近年は両者の交流は盛んですが、やはり「聖書観」の違いがあることで、前者の教団教派では新共同訳や聖書協会共同訳が用いられ、後者の教団教派は新改訳 2017 が用いられることが多いようです。

2　飢え渇き、期待し、待ち望む

「説教を聴く備え」の第二に挙げたいのは、みことばに「飢え渇き」、みことばに「期待し」、みことばを「待ち望む」ということです。

ある時期、夕方五時の夕拝に集い始めた方がおられました。いつも黙って礼拝堂に入り、礼拝が終わるとスッと帰って行かれるので、最初のうちはお声をかけるのも控えていたのですが、毎週欠かさず夕拝に来るようになって一か月半ほど経った頃、帰りがけに玄関先で「よかったら一度お話ししましょう」と声をかけ、アポイントを取りました。そして平日の夕方、仕事帰りに教会に来られたその方のお話を聴くことになりました。

その方はご両親がキリスト者で、小さい頃は親に連れられて教会に行っていたが、やがて中学ぐらいから教会を離れ、その後、高校、大学、就職をし、それなりのキャリアを積んできた方でした。しかし職場でいろいろと難しい問題に巻き込まれ、仕事帰りの駅のトイレで一人号泣するような日々が続いていたそうです。

そんなある日、やはり帰りの駅でひとしきり泣いてから帰宅して、ふと自分の部屋の棚に飾ってあった小さな額に目が留まった。これまで一人暮らしを始めてから幾度か引っ越しをしてきたけれど、なぜか捨てられずに持っていたもので、だからといって特別に大切にしていたわけでもないのに、なぜかその日、その小さな額が目に入ってきた。そこには聖書のことばが記してあったというのです。「何の聖句かは忘れました」と正直にお話しくださいましたが、しかしその聖句を読んだときに、心の底に溜め込んでいた思いが一気に溢れ出て、「聖書のことばを聴きたい」、「教会に行きたい」と思われたそうです。しかしあまり大勢の人がいる教会に行くのは気が引ける。できたら夕方の礼拝がある教会にしたい。そんなことでネットを検索しているうちに、同じ区内にあった私たちの教会のウェブページを見つけ、夕方五時からの礼拝があることを知って、お出でになったとのことでした。

それから求道生活が始まり、あらためて聖書を買い求めて読むようになり、仕事を転職してからは日曜日の昼間も仕事になってしまったので、朝六時半からの早朝礼拝に集うようになり、ついに洗礼を決心し、洗礼式の日には年老いたご両親も喜んで礼拝に来てくださいました。まさに飢え渇いた心、いや飢え渇き切ってひび割れているような心を、たった一つの神のみことばが捕らえ、礼拝へと招き、礼拝で語られる神のみことばが次第次第に心に染み入り、やがてそのひび割れを癒やし、渇きを満たし、いのちの水が溢れ出るまでにしてくださったのです。

またある時期、礼拝で「自分たちが信じている信仰について確認しよう」という主旨で、聖書の基本的な教え（教理）を順を追って説き明かすシリーズ説教をしました。ある日の礼拝後、一人の姉妹が私のところに来て、こんな感想を伝えてくださいました。

「今日の先生のメッセージを聴いて、わたし、なんだかスッキリしたわ」。

そう言われて私は思わず聴き返しました。「スッキリしたってどういうこと？」。

そして姉妹がお話しくださったのは、自分は長く信仰生活を送ってきたが、いつも信じていることの中身が何となくぼんやりとしていた。このままでいいのかな、と思うこともあったし、なかなかお友だちを誘う勇気も出なかった。でも今まで信じていた事柄が、「ああ、こういうことだったのか」と輪郭がはっきりし、よく腹に収まった。それを「スッキリした」と表現してくださった。その上で「説教を聴くのが楽しみになった」とも言ってくださいました。こんなことばを受け取るのは、説教者にとって何よりの喜びです。そこには毎週の礼拝で語られるみことばへの「期待」と「待望」があるのです。

信仰生活を長く続け、聖書に日々親しんでいれば、よい意味での「慣れ」も起こってきます。礼拝である箇所が開かれれば、「ああ、今日はおおよそこういう話だ」という見通しがつくこともあるでしょう。しかしそのことが、私たちのうちからみことばへの飢え渇きを奪い、期待し、待ち望む心を取り去るようになるなら問題です。それは次第にみことばへの「諦め」に至りかねないからです。「しょせん、聖書は綺麗事ばかりだ」、「聖書はそう言うけれど、現実はそうはいかない」といった神のみことばへの抵抗も起こってきます。

毎週の礼拝で語られるみことばに飢え渇き、期待し、待ち望む心は、「太陽の下、新しいことは一つもない」（コヘレト1・9）といった諦めに対抗する心です。今日、ここで語られる神のみことばから、神は説教者を通して何を語ってくださるのか。この神の語りかけに飢え渇き、期待し、待ち望む心を大切にしたいと思います。

「鹿が涸れ谷で水をあえぎ求めるように／神よ、私の魂はあなたをあえぎ求める。神に、生ける神に私の魂は渇く」（詩編42・2−3）と詩人が歌った神への飢え渇き、「あなたの言葉が開かれると光が射し／無知な者にも悟りを与えます」（詩編119・130）というみことばへの期待、「主なる神は、弟子としての舌を私に与えた／疲れた者を言葉で励ますすべを学べるように。主は朝ごとに私を呼び覚まし／私の耳を呼び覚まし／弟子として聞くようにしてくださる。主なる神は私の耳を開かれた。私は逆らわず、退かなかった」（イザヤ50・4−5）という預言者の経験への待ち望みをもって、説教を聴く備えをしたいと思います。

3　聖霊の照明を求めて

「説教を聴く備え」の第三に挙げたいのは、「聖霊の照明を求める」ということです。助け主、弁護者なる聖霊について、主イエスはヨハネによる福音書でこのように言われました。

「私は父にお願いしよう。父はもうひとりの弁護者を遣わして、永遠にあなたがたと一緒にいるようにしてくださる。この方は、真理の霊である。世は、この霊を見ようとも知ろうともしないので、それを受けることができない。しかし、あなたがたは、この霊を知っている。この霊があなたがたのもとにおり、これからも、あなたがたの内にいるからである」（ヨハネ14・16、17）。「弁護者、すなわち、父が私の名によってお遣わしになる聖霊が、あなたがたにすべてのことを教え、私が話したことをことごとく思い起こさせてくださる」（同14・26）。さらに「その方、すなわち真理の霊が来ると、あなたがたをあらゆる真理に導いてくれる。その方は、勝手に語るのではなく、聞いたことを語り、これから起こることをあなたがたに告げるからである」（同16・13）。

このように三位一体の第三位格なる聖霊の神の主なお働きは、主イエスの語られたことの「すべてのことを教え」、主イエスが教え、話されたことを「ことごとく思い起こさせてくださる」ものと言われます。聖霊は御子イエス・キリストを証しする霊であられ、今、この時代に、主イエス・

キリストは聖書を用い、聖書を説き明かすために召された説教者を通して語ってくださっている。そして私たちが神のみことばを聴き取ることができるために聖霊が私たちを照らしてくださる。これを教理のことばでは聖霊による「照明」（illuminatio）と呼ぶのです。

古くから教会は、神のみことばの朗読と説き明かしに先立って、「聖霊の照明を求める祈り」をささげてきました。聖霊の助けがなければ、私たちは神のみことばを聴き、理解し、それを信じ、みことばに従って生きることができません。聖霊に照らしていただくことが必要なのです。

その意味では、公的礼拝のみならず、個人で聖書を開くときにも、この祈りは必要だと言えるでしょう。そこでいくつかの教会の式文から、聖霊の照明を求める祈りを紹介しておきます（アメリカ改革派教会礼拝局編著『主の日の礼拝と礼拝指針』全国連合長老会式文委員会訳、キリスト新聞社、二〇〇三年、日本基督教団信仰職制委員会編『日本基督教団式文（試用版）主日礼拝式・結婚式・葬儀諸式』日本キリスト教団出版局、二〇〇六年）。

主よ、
どうか、あなたのみことばと聖霊とにより、私たちをお導きください。
あなたの光のうちに光を見つめ、あなたの真理のうちに自由を見出し、
あなたのみこころのうちに平和を発見しますように。

主イエス・キリストによって。アーメン。

主なる神よ、
聖霊の導きによって私たちの心と思いを開いてください。
そして、聖書が朗読されて、説き明かされるとき、
今日あなたがお語りくださる言葉を喜んで聞き、
これを受け入れる者としてください。
主イエス・キリストの御名によって。アーメン。

主なる神よ、
あなたは、私たちをあらゆる真理に導くため、
聖霊を遣わすと約束してくださいました。
私たちの耳を開き、心を整えてください。
そして、あなたがお与えになる救いの言葉を、
ことごとく受け入れることができるようにしてください。
主イエス・キリストの御名によって。アーメン。

主なる神よ、
あなたは道を照らすともしびとして、
御言葉を与えてくださいました。
今日私たちがあなたの御旨を受けとめ、
御名の栄光のために生きることができるようにしてください。
主イエス・キリストの御名によって。アーメン。

主なる神よ、
今日私たちを御前に集めてくださったことを感謝いたします。
私たちの心を静め、ひたすらあなたの御声に耳を傾けさせてください。
また、聖霊によって私たちの心を開いてください。
御言葉を正しく受けとめて、あなたに従う者となることができますように。
主イエス・キリストの御名によって。アーメン。

恵み深い神よ、

人はパンだけで生きる者ではなく、
あなたの口から出る一つ一つの言葉によって生きる者です。
御前にへりくだり、あなたに聞き従う心を与えてください。
また、命の糧である御言葉に養われて、永遠の命の道を歩ませてください。
主イエス・キリストの御名によって。アーメン。

主なる神よ、
あなたは御子によって私たちにお語りになりました。
そして、御言葉は人の命であり、世の光です。
今、私たちの心を聖霊によって導き、御言葉を理解し、これを信じる者にしてください。
主イエス・キリストの御名によって。アーメン。

聖霊が私たちの暗い心を照らしてくださる時、私たちはみことばの語り手も、聴き手も、ともに聖霊の照明によって主のみことばの真理を知り、救いにあずかり、神の子ども、しもべとしてお従いする歩みへと導かれていきます。

「主よ、お話しください。僕は聞いております」（サムエル上3・9、10）という少年サムエルの祈りを私たち一人ひとりの祈りとすることが、説教を聴く最も大切な備えであると言えるでしょう。

第七章　説教を聴く実際

1　語られるみことばと語り手を前にして

主日の公的礼拝に臨み、賛美と聖霊を求める祈りがささげられ、聖書が開かれる。説教者が講壇に立ち、その日、説き明かされる聖書が朗読される。そして説教者は口を開き、説教を語り始める。そこで私たちはどのようにみことばを聴くのか。本章では「説教を聴く実際」と題して、このテーマを考えていきます。

そこで、まず初めに二つの聖書のみことばに聴きたいと思います。一つは使徒言行録20章32節です。「そして今、あなたがたを神とその恵みの言葉とに委ねます。この言葉は、あなたがたを造り上げ、聖なる者とされたすべての人々と共に相続にあずからせることができるのです」。

これは使徒パウロが第三次伝道旅行の終盤、ミレトスの港にエフェソ教会の長老たちを呼び寄せて語った訣別説教の一節です。このみことばから教えられることはいくつもありますが、ここで特に目を留めたいのは「この言葉は、あなたがたを造り上げ……」とあるように、主語が「言葉」すなわちその前にある「神とその恵みの言葉」であるという事実です。説教を聴くにあたって決定的に大切なことは、みことばの「真の語り手」は三位一体の神ご自身であり、語られることばも、「神のみことば」そのものであるという事実です。そして「この言葉は、あなたがたを造り上げ、聖なる者とされたすべての人々と共に相続にあずからせることができる」とあるように、ここでの神のみことばは、何かしらの情報伝達の通信手段ということでなく、「あなたがたを造り上げる、神の力、神の働きそのものだということです。

確かに、主の日の公同礼拝において説教壇に立っているのはひとりの生身の人間です。神学校出たての自分の子どもや孫のような世代の説教者。冗談の一つも言わず、生真面目に淡々とみことばを説く説教者。あまり体が強くなく、すぐに風邪を引いて寝込んでしまうような説教者。こちらがいろいろと気を配って助けないと約束を忘れたり、人の名前が覚えられなかったり、週報にも誤字脱字の多い説教者。ことば遣いが稚拙で、いちいち表現の間違いが気になってしょうがない説教者。使徒パウロでさえ、「『パウロの手紙は重々しく力強いが、実際に会ってみると弱々しい人で、話もつまらない』と言う者がいる」（Ⅱコリント10・10）と言われるほどでした。すでに第四章第3節で、みことばが聴けなくなる原因の一つに説教者の問題があることを指摘したとおりです。

その一方で、このようなさまざまな欠けや弱さを持つ者を、主がみことばの仕え人の務めにお召しになり、本人の内的な召命の確信とともに、教会が幾度となく外的な召命を確認し、その一致の中で主からの召しを確信し、訓練の時を経てこの聖なる務めに立てられたことも事実です。

そこで読んでおきたいもう一つのみことばは、テサロニケの信徒への手紙一2章13節です。「このようなわけで、私たちもまた、絶えず神に感謝しています。私たちから神の言葉を聞いたとき、あなたがたは、それを人の言葉としてではなく、まさに神の言葉として受け入れたからです。この神の言葉は、信じているあなたがたの内に今も働いているのです」。

ここでも私たちが目を留めたいのは、「私たちから神の言葉を聞いたとき、あなたがたは、それを人の言葉としてではなく、まさに神の言葉として受け入れた」という事実です。説教を聴くにあたって決定的に大切なもう一つのことは、三位一体の神は今日も語っておられるという事実、しかもその際に「人」すなわちみことばの語り手なる「説教者」を用いられるという事実、そしてその説教者を通して語られることば、すなわち「神のみことば」の説き明かしとしての説教が、「まさに神の言葉として受け入れ」られるという事実です。

これはパウロたちのことばが天からの託宣のような神秘的な力を帯びていたということを意味してはいません。神は「宣教という愚かな手段によって信じる者を救おうと、お考えにな」った（Ⅰコリント1・21）のであり、パウロたちは「ユダヤ人はしるしを求め、ギリシア人は知恵を探しますが、私たちは十字架につけられたキリストを宣べ伝えます」（同22、23節）と言い、「あなたがたの間でイエス・キリスト、それも十字架につけられたキリスト以外、何も知るまいと心に決めていた」（同2・2）とも言い、「キリストは、弱さのゆえに十字架につけられましたが、神の力のゆえに生きておられるからです。私たちもキリストにあって弱い者ですが、あなたがたに対しては、神の力のゆえにキリストと共に生きるのです」（Ⅱコリント13・4）と語っています。

このようにみことばの語り手が語ることばを、その聴き手たちが「それを人の言葉としてではなく、まさに神の言葉として受け入れた」のはなぜか。それは彼らの語ることばが神秘的な力を帯びたことばであったからでなく、洗練された知恵のことばであったからでもなく、むしろ「愚かさ」と「弱さ」、そして「死」そのものであった「十字架につけられたキリストを宣べ伝える」ことばであったからにほかなりません。そしてみことばの語り手も聴き手も、この宣べ伝えられたキリストの力を知り、「イエス・キリストは主である」、「イエス・キリストのみが主である」との信仰の告白に生きる者とされたからなのです。

このことの意味を捉えた宗教改革時代のことばに、すでに触れた『第二スイス信仰告白』がありますます（以下、引用は関川泰寛、袴田康裕、三好明編『改革教会信仰告白集』（教文館、二〇一四年）所収の渡辺信夫訳による）。これはツヴィングリの後継者としてチューリヒを中心に一六世紀宗教改革のまとめ役を担ったハインリヒ・ブリンガーによって一五六六年に作られたもので、全三〇章からなるその内容は一六世紀宗教改革の集大成のような位置を担うものです。その第一章にあるのが「神の言葉の説教が神の言葉である」（Praedicatio verbi Dei est verbum Dei）です。

このテーゼは有名ですが、そのせいもあってか、しばしば前後の文脈から切り離され、独り歩きしてきた感があります。特に「est（である）」の意味をどのように追求するかという点に、説教と説教者との本質的な関係が示されるのですが、それは「古代の諸文書の集成」としての聖書が、説教者によって紐解かれるとき、聖霊の働きによって「神の言葉に〝なる〟」という出来事を意味しているわけではありません。

第二スイス信仰告白の第一章は「聖書、神の真実の言葉について」という標題のもとに〈正典たる聖書〉として旧新約聖書の神的権威を示し、そこで「神は自ら父祖たち、預言者たち、使徒たちに語りたまい、今なお書かれた聖書によってわれわれに語りたもうのである」として、聖書の説き明かしである説教を救済史における「今」に位置づけます。

〈聖書はすべての敬虔を教える〉では、教会と生活における敬虔の規範としての聖書の権威を、テモテへの手紙二3章16節、テモテへの手紙一3章14、15節から語り、さらに〈聖書は神の言葉である〉として、テサロニケの信徒への手紙二2章13節を引用し、またマタイによる福音書10章20節、ルカによる福音書10章16節、ヨハネによる福音書13章20節を引用するのみで区切られます。つまりここでは聖書と説教がすでにほぼ同一のものとして捉えられているのです。

その上で登場するのが〈神の言葉の説教が神の言葉である〉というテーゼです。そこで語られるのは次のような内容です。「したがって、今日神の言葉が、教会において、正しく召しを受けた説教者によって告知されるとき、神の言葉そのものが告知され信仰者に受け入れられることを信じ、それ以外の神の言葉を虚構したり、天よりの言葉を期待したりしてはならないとわれわれは信じる。また、現在ではわれわれは告知されている神の言葉に留意すべきであって、告知する教師に留意してはならない」。

つまり「神の言葉の説教が神の言葉である」と言われる根拠は「教会において、正しく召しを受けた説教者によって告知されるとき」という、説教者の務め、職制論に置かれているのです（これらを含めた第二スイス信仰告白の聖書論の扱いの概要については、朝岡勝「第二スイス信仰告白の聖書論――聖書・説教・説教者を巡って」『改革派神学　第41号　市川康則校長退職記念号』（神戸改革派神学校、二〇一四年）七〇－八三頁を参照してください。なお第二スイス信仰告白の説教者論における職制論の重要性を指摘したものとして、岩崎謙「説教の成立根拠としての任職論――第二スイス信条再考」『改革派神学　第38号』（神戸改革派神学校、二〇一一年）九一－一〇二頁の議論は重要です）。

ここには説教者の「存在」と、説教という「務め」の関係性と区別性があります。一方では、たとえ若く、経験不足、雄弁でない説教者であったとしても、主が教会を通してその器を神のみことばの仕え人としての務めに任職したならば、「神の言葉の説教は神の言葉ある」と言うことができますし、他方では、いかに雄弁で能力があり、人を動かす影響力を持つ人物であっても、「正しく召しを受ける」ことなしに説教壇から語ることはできません。

ちなみに教会史的にはその後、プロテスタント教会の中からいわゆる「職制」を否定する教派も生まれて今日に至っていますが、この当時ブリンガーが意識していたのは、一方で「神のことばのみ」が否定されるローマ・カトリック教会と、他方で「聖霊の導き」の名の下に教会批判と過激な行動によって混乱を引き起こしていた再洗礼派でした。

ともかく私たちは語られるみことばを前にして、神が聖霊により、土の器に過ぎない説教者を立て、「今なお、書かれた聖書によってわれわれに語りたもうのである」という事実を信仰をもって受け取るのです。

2　「ウェストミンスター大教理問答」に学ぶ

次に、「説教を聴く実際」について考える際の一つの手引きとして、「ウェストミンスター大教理問答」（一六四八年）の第一六〇問を紹介します。

問　御言葉の説教を聞く者には、何が求められていますか。
答　御言葉の説教を聞く者に求められているのは、次のことです。注意深さと準備と祈りをもってそれを傾聴すること。聞いたことを聖書によって調べること。真理を神の言葉として、信仰・愛・従順・素直さをもって受け入れること。御言葉の説教を瞑想し、それについて話し合うこと。それを心に蓄えること。そして、生活の中でその実を結ばせることです。

（袴田康裕訳、教文館、二〇二三年）

ウェストミンスター神学者会議に集ったイングランドやスコットランドの神学者たちの信仰は、主日礼拝を厳格に守り、みことばに固着する霊性を大切にしていました。そのような霊性がこの問答にもよく現れています。ここに教えられていることの内容は後に詳しく取り上げる予定ですが、まずは繰り返し読んでおきたい含蓄あることばです（なお、同問答の説教者について論じる第一五九問と、聴衆について論じる第一六〇問を「説教者と聴衆の緊張関係」として捉えて包括的に論じたものとして、坂井孝宏「説教者と会衆の緊張関係――ウ大教理一五九、一六〇問を起点として」『改革派神学　第47号』（神戸改革派神学校、二〇二二年）、二一–二八頁が有益です）。

ちなみに北米改革長老教会の神学者ヨハネス・ヴォスによる、日本語訳では上・中・下の三巻からなる解説書である『ウェストミンスター大教理問答書講解』下巻（玉木鎮訳、聖恵授産所出版部、一九八七年）から、第一六〇問の解説の一部を紹介します。「教会の礼拝に出席するときに、私たちがぜひ避けなければならないことは何か。私たちが避けなければならないことは次のようなことである。遅刻すること、居眠りすること、不必要に礼拝中に私語したり、ささやきあうこと、礼拝と無関係な本を読んだりすること、世俗のことを思い巡らしたり、次の週の自己の業務のことを考えたりすること、その他、礼拝への敬虔な注意を払うことを妨げるようなすべての行為や想念である」（下巻五〇頁）。いかがでしょうか。大変具体的なだけに耳の痛い指摘でもある、そんな思い当たるところの多い指摘です。

さて、先のウェストミンスター大教理問答第一六〇問が教える、みことばの聴き手に求められていることとは、第一に「注意深さと祈りをもって傾聴すること」、第二に「聴いたことを聖書によって調べること」、第三に「真理を神の言葉として信仰・愛・従順さ・素直さをもって受け入れること」、第四に「御言葉の説教を瞑想し、それについて話し合うこと、それを心に蓄えること」、そして第五に「生活の中でその実を結ばせること」です。それぞれの点について教えられていることを短く確認しておきましょう。

第一には「注意深さと祈りをもって傾聴すること」です。すでに申し上げたように、説教者は毎週の説教のために心を尽くして備えています。ウェストミンスター大教理問答第一六〇問に先立つ第一五九問には、次のように記されています。

問　神の言葉は、その職務に召された者によって、どのように説教されなければなりませんか。

答　御言葉の宣教に労するように召された者は、健全な教えを次のように説教しなければなりません。すなわち、時が良くても悪くても、熱心に。心を引きつける人間の知恵の言葉によらず、御霊と力との立証によって、わかりやすく。神のご意向の全体を知らせて、忠実に。聞く人たちの必要と能力に合わせて、賢明に。神と神の民の魂への燃えるような愛をもって熱烈に。神の栄光と、神の民の回心と教化と救いを目指して、誠実に。

説教者が「熱心に、わかりやすく、忠実に、熱烈に、誠実に」みことばを語るために備えるとすれば、聴き手の私たちも漫然と聴くわけにはいきません。「注意深さと準備と祈りをもって」ですから、朝、教会に来て週報を見て、初めてその日の聖書箇所と説教題を知った、というのでは困ります。注意深く、準備をする。「祈りをもって」ですから、その日の説教のため、また準備する説教者のための祈りは必須です。そして「傾聴すること」と言われます。ただ聴く、というのではなく、「耳を傾けて聴くように」、つまり説教への集中です。

私もこれまで多くの教会でみことばの説教の奉仕をしてきましたが、そのほとんどが初めて訪ねる教会です。しかし礼拝で説教に立ち、実際に説教を語っていくうちに、不思議なほどにその教会の霊的な状態がわかってくるものです。それはいわば「みことばへの集中度」と言ってもよい。聴き手の皆がみことばに集中している礼拝か、それともあちらこちらに皆の心が散らばってしまっている礼拝か。こうした教会の霊性というものは、いつもの姿が礼拝において一番露わになるものだと思います。そして一回だけの礼拝で上手に取り繕ったりできないものだと思うのです。みことばを傾聴する。これは教会のいのちに関わることだと言えるでしょう。

第二には、「聞いたことを聖書によって調べる」とあります。説教は聴きっぱなしで終わりでなく、自分でもそれを確かめるのだというのです。これもすでに第三章第4節で触れた箇所ですが、使徒言行録17章10節から12節にベレア教会の人々の様子が次のように記されています。「きょうだいたちは、直ちに夜のうちにパウロとシラスをベレアへ送り出した。……ここのユダヤ人は、テサロニケのユダヤ人よりも素直で、非常に熱心に御言葉を受け入れ、そのとおりかどうか、毎日、聖書を調べていた。そこで、そのうちの多くの人が信じ、ギリシア人の貴婦人や男たちも少なからず信仰に入った」。

どうでしょう。「そのとおりか、毎日聖書を調べていた」というのです。なにも牧師の説教を毎週疑ってかかれということではありません。でも聴きっぱなしで終わらせることなく、自分でも聖書を開いて、自分の目で読んで確かめてみる。わからないことがあったら質問してみる。書物で調べてみる。こういう能動的な取り組みが重要です。ある教会で奉仕したとき「牧師に説教について質問してもいいのでしょうか?」と聴かれたことがありました。私はとてもよいことだと思います。牧師としてはうれしいことです。中には「牧師に質問したら怒られた」という方もあるのですが、牧師の側も質問を批判だと受け取らず、また批判であっても謙虚に耳を傾ける、そんな器の大きさも求められると思います。

第三には「真理を神の言葉として、信仰・愛・従順さ・素直さをもって受け入れること」とあります。説教を聴くにあたって大切だと思うのは、「今日、私は牧師を通して語られる説教を通して、神のみことばを聴くのだ」という「信仰・愛・従順さ・素直さ」です。みことばを聴くというのは、「受け入れる」ということであり、「受け入れる」ということは、「従う」ことにつながります。

だからこそ上記の第二で触れた「聞いたことを聖書によって調べる」ことが重要になる。牧師の説教が、本当に聖書の説き明かしになっているのか、聖書の教えから逸脱していないか、聖書を我田引水のように用いて、牧師個人の主張になっていないか。そのようなチェックが働くことが重要です。その主要な責任は長老会、役員会にあると思いますが、しかし聴き手の一人ひとりが自覚的に取り組む意思が必要です。「真理を神の言葉として、信仰・愛・従順さ・素直さをもって受け入れること」は教会の祝福につながり、一人ひとりの信仰の養いとなりますが、それはあくまでも聖書により、説教者を通して語られた「神の真理」に対する態度であって、そのような信仰を養うことが、「牧師のことばは神のことばだから絶対に服従せよ！」というような教会のカルト化を防ぐことにもなるでしょう。

第四には「御言葉の説教を瞑想し、それについて話し合うこと、それを心に蓄えること」とあります。「瞑想する」は「思い巡らす」と言い換えてもよいでしょう。聴いたみことばを何度も反芻して、自分のものとする。そしてそれが心に蓄えられ、血肉化し、身体化していく。こうした一人ひとりのみことばによる成長、成熟が、教会を建て上げていくことになるのです。

ここには「それについて話し合うこと」とあります。かつてある歴史の長い教会で、礼拝が終わったら誰とも話さず、黙って家に帰るようにと指導されていたと聞いたことがあります。せっかく神の尊いみことばをいただいたのだから、それを余計なおしゃべりでかき消してしまわないように、そのまま持ち帰るように、ということだったそうです。それはそれで一理ある大切な姿勢だと思いますが、やはり聴いたみことばについて話し合うこと、分かち合うことは大きな恵みであり、教会の交わりをみことばを中心としたものに成長させることにつながる有益な取り組みだと思います。

私がかつて奉仕していた教会では、水曜日の祈禱会で聖書の概説や教理の学びなどをしてから祈りの時を持つようにしていましたが、あるとき出席している皆さんに、一か月の最後の週の祈禱会はその月に聴いたみことばの分かち合いをしましょう、と提案してみました。聴くだけで終わらずに、その恵みを分かち合いたいと考えたのです。その結果、どうなったか。なんと月の最終の祈禱会の出席者が毎月ぐっと減るようになってしまったのです。「自分の言葉で話すのは苦手だ」、「説教のことを話すなんてできない」と皆さんが尻込みしてしまったのでした。

これには私もショックを受け、どうしたらよいかと考えて、役員会に新たな提案をしました。毎月最終日曜日の礼拝のあと、一五分から二〇分ぐらいを目安にして、その日に聴いた説教について分かち合う「シェアリングタイム」を始めようということになったのです。日曜日の礼拝なら、その日の出席者が減ることはないだろう、という目論見もあったのですが、そのための用紙を配り、礼拝中に説教のメモをとれるようにし、実際に始まるときも、世間話などは一切なし。とにかくその日の説教で教えられたこと、心に留まったこと、疑問に感じたことなどを三、四人のグループになって分かち合う。そういう時間を持つことにしました。

そしてこれが実にうまくいったのです。最初は少し固い雰囲気でしたが、月を重ねるごとに皆さんが楽しげに教えられたことを話している。誰かが疑問に感じたことを話せば、他の人がそれについて「こういうことではないか？」と応じたりもする。中には求道中の方もおられて素朴な疑問を口になさる。それも皆で一緒に考える。子どもたちも一緒の礼拝ですから、その輪に加わる小学生もいる。あるときは小学生の女の子が説教の感想を話したら、同じ輪にいた求道中の壮年男性が「なるほど！」と頷いている光景も目にしました。こうした交わりは、教会ならではのとても大きな恵みのときだと思います。

そして第五に挙げられるのが「生活の中でその実を結ばせること」です。これは本書の中心的なテーマでもあるので後にも論じることになりますが、結論的に言えば、神のみことばによって日常を生きることであり、みことばは「生きられてこそ」のみことばだということになるでしょう。

また、カール・バルトは説教とその聴聞の関係について、次のように述べています。「説教者は、退屈な人間になってはならない。牧師と退屈とが同義の概念になっているのは、広く見られるところである。聴衆は、説教壇から語られることを、もう何度も聞いたことだと思っている。もうずっと前からわれわれはよく知っていることだと思うのである。そのことの責任は、聴衆にだけあるのではない。この退屈を防ぐにも、唯一の手段は、聖書に即するということである。説教が聖書に即しているならば、それが退屈ということはない。聖書というものは、事実として、非常におもしろく、まことに多くの新しいこと、刺激的なことを語るのであって、聴衆が眠ろうなどと考えるいとまは全くない程なのである」（『神の言葉の神学の説教学』加藤常昭訳、日本キリスト教団出版局、一九八八年、一〇〇－一〇一頁）。

牧師も信徒も、「聖書に即して」語り、聴くとき、そのみことばは聴き手を具体的に生かす力となっていくはずですし、そうでなければ、神のみことばが語られ、聴かれたということにはならないでしょう。

3　目を見て、耳を澄まして

次に、みことばの説教のよき聴き手となっていくために実践できるものとして、二つのことを申し上げておきたいと思います。

第一は「説教者の目を見て、耳を澄まして」ということです。これは既に触れた「傾聴」とも重なることですが、当然のことながら、生身の人間の口から声が発せられ、それを生身の人間の耳が聴き取るということからして、互いの間の関係性は重要です。説教者の目を見て、耳を澄まして、語られるみことばに聴き入ることで、神のみことばを主体的に聴き取るという「よき聴き手」としての構えが作られていくでしょう。

私は二二歳の若さで教会に遣わされましたが、信仰歴四〇年、五〇年といった信仰の大先輩方の前でみことばを語るのは、恐れでしかありませんでした。しかも単に信仰の年月を重ねてきたというだけでなく、さまざまな地縁血縁の結びつく、お寺の門前町として作られた地方の小さな町で、戦前、戦中、戦後の厳しい時代の中でも信仰を守り続け、小さな教会の灯火が吹き消されないように、文字通り身体を張って教会を守ってきた方々です。しかしそんな信仰の大先輩方が、ただの若造でしかない、たかだか三、四年、神学をかじったに過ぎないような者の、顔も上げられずひたすら原稿を読み続けるような説教に、一言一言に頷くようにして一所懸命耳を傾けて聴いてくださる。礼拝が終われば説教者のもとに来て、「今日もみことばをありがとうございました」と深々と頭を下げられる。そういう聖徒との出会いを通して、みことばを語る厳かさと光栄とを身をもって覚えさせられたのです。

また前任の教会に赴任してまもなく、礼拝の時に大きな目を輝かせるようにしてまっすぐに私を見つめ、大きくうなずきながら説教を聴いてくださっていた老姉妹がいました。ほんの一か月ほどで入院することになり、それから一〇年以上の日々を病院で過ごされて天へと召されていきましたが、病院に訪問する度に「あの礼拝堂の窓際の席に座って、先生の顔をまっすぐに見て、ひと言も聞き漏らさないように説教を聴いた。またあの席に座りたい」と繰り返されました。実際に礼拝堂で私が語る説教を聴いたのは三回ほどでしたが、それでもこの姉妹の姿、あの時の眼差し、うなずく姿は忘れることがありません。そういう聴き手によって説教者としての私自身も成長させられてきたと実感しています。

4　みことばに集中して

第二に「みことばに集中して」ということです。説教者の目を見て、耳を澄ましつつも、心を騒がせる心配事を思い出したり、明日からの一週間を考えてあれこれ心が揺れ動いてみたり。そんなふとしたことで心がみことばから離れ、集中が途切れてしまうことがあります。せっかくの貴重な時間です。できる限り語られるみことばに集中することを大切にしたいのです。

方法はいろいろとあるでしょう。ある方は礼拝堂の最前列の席に座り、聖書や讃美歌を整えて礼拝開始に備え、説教が始まると、それこそ身を乗り出すようにして、一言一句聴き逃すまいと熱心に聴き入っていることが、周りの皆にも伝わる。そんな姿を見せてくれます。

ある方は、背筋をピンと伸ばして座り、説教中も説教者の顔を見つめ、その口から発せられることばの一言一言に、大きくうなずきながら聴いておられます。

私は会衆席に座って説教を聴く機会があるときは、会衆席全体が見渡せる一番後ろの席に座ります。礼拝をささげる皆さんの背中を見るのが好きなのです。そしてあまり自分では自覚していませんが、説教中は腕を組み、目をつぶっていることが多いようです。時々「先生、説教の時、居眠りしてたでしょ?」と訝しがられることがありますが、私にとってはこれが説教を聴くときに一番集中できる姿勢なのです。

またある方は、ご自分の説教ノートを持参して、説教中にメモを取っておられます。大事だと思ったところを短く書き留める方もあれば、説教を最初から終わりまで、自分なりの方法で聴いたまま書き写すようにしている方もあります。一緒に礼拝に出ていた小学生の女の子は、いつも説教の内容を絵や文字でしっかりと書き留めてくれて、礼拝後に私のところに見せに来てくれていました。それで「見ました」という確認の意味で「すみっこぐらし」や「くまのプーさん」のスタンプを用意して、「すばらしい」とか「よくできました」といったスタンプをノートに押すのが習慣となっていました。

ノートを取るという点で熱心だったのは、私の母でした。コロナ禍の二〇二一年六月に、あっという間に天へと駆け上がるように召された母でしたが、しばらくして、きょうだいたちで母のマンションを片付けた際に、数冊の小さなノートがあちらこちらから出てきました。それぞれ開いてみると、礼拝の日付けと聖書箇所が記され、小さな整った字でその日の説教内容やそれへの感想が書き込まれ、時には赤鉛筆で下線が引いてあったり、大事なことばを赤く囲ってみたりと、よく書き込まれた説教ノートでした。

第八章　説教を聴き終えて

1　語られ、聴かれる神のことば

説教を聴き終えて、それで「みことばを聴いた」という経験は終わるのでしょうか。私はむしろ、真の意味で「みことばを聴いた」経験は、そこから始まると考えます。この点について考える前に、そもそも「神のみことば」の説教は、「語られ」、「聴かれる」ことにおいて成立することを確認しておきたいと思います。

前章の「説教を聴く実際」で、ウェストミンスター大教理問答の第一六〇問を通して確認したのは、「注意深さと準備と祈りをもってそれを傾聴すること。聞いたことを聖書によって調べること。真理を神の言葉として、信仰・愛・従順・素直さをもって受け入れること。御言葉の説教を瞑想し、それについて話し合うこと。それを心に蓄えること。そして、生活の中でその実を結ばせること」ということでした。つまり「説教を聴く」というのは、単なる受け身のことでなく、聴き手の主体的で能動的な行為であるということでした。

　このことは「神のみことばの説教」における「真の語り手」が三位一体の生ける神のご自身であり、その神の御前においてなされる、説教者と聴衆の共同の業であり、ある種の双方向的なコミュニケーションであることを意味しているとさえ言えるのではないでしょうか。使徒パウロはローマの信徒への手紙10章17節で「信仰は聞くことから、聞くことはキリストの言葉によって起こるのです」と言いました。

　マルティン・ルターが、ワルトブルクの城に匿われていた一五二一年五月から翌一五二二年にかけて、ギリシア語本文、ウルガタ聖書を参照しつつ新約聖書をドイツ語に翻訳し、一五二二年九月にヴィッテンベルクで出版したいわゆる『九月聖書』では、この箇所を「信仰は説教から、説教は神のことばから生まれる」(So kommt der Glaube aus der Predigt, das Predigen aber aus dem Wort Gottes) と訳しました。「聞くこと」とはすなわち「説教を聞くこと」であり、「信仰」は「神のことばの説教」から生まれるというのです。ここには「聴く」という行為の主体性、能動性が表れており、また後の第二スイス信仰告白にやがて流れ込んでいく、「聖書とは説き明かされてこその聖書である」との、ルター派、改革派を包括する宗教改革者共通の聖書理解が表れていると言えるでしょう。

　またルターは教会における教理の正統性の判断基準がどこに存するかという議論の中で、それがあくまでもみことばの聴き手の中にあると論じています。

キリストはそれらを……キリスト者一般に与えておられるからである。それはキリストが、ヨハネ10章で『私の羊は私の声を知っている』と語っておられるという理由によっているのである。……これであなたには、教理を判断する権利がだれに属するかが、明らかになったであろう。……彼らがキリストの声を教えているか、あるいは見知らぬ人の声を教えているかどうかということは、羊が判断すべきなのである。

（「キリスト者の集まり、すなわち個々の教会は、全ての教えを判断し、教師を招聘し、任命し、罷免する権利と力を持っていると言うこと。その聖書による理由と根拠。一五二三年」倉松功訳『ルター著作集第一集第五巻』聖文舎、一九六七年、二〇九－二一三頁）

ジャン・カルヴァンは『キリスト教綱要』第四篇一章九節で「教会の目印」（notae ecclesiae）について議論し、そこで「神の言葉が真摯に語られ説教されまた聞かれる所、聖礼典がキリストの制定に従って執行されると見られる所、そこに神の教会があることは何ら疑うべきでない」と述べました（『キリスト教綱要　改訳版　第四篇』渡辺信夫訳、新教出版社、二〇〇九年、二〇頁。なおカルヴァンは一五三六年の『綱要』初版でも「神の言葉が真に語られ聴かれる所どこでも、また聖礼典がキリストの制定に従って執行される所どこでも、教会は存するということは断じて疑うことのできないことである」

と述べています。『宗教改革著作集9　カルヴァンとその周辺Ⅰ』久米あつみ訳、教文館、一九八六年、一一一頁)。

『アウグスブルク信仰告白』(一五三〇年)以来、いくつかの信仰告白文書が「教会の目印」について論じ、いずれも「神のことばの説教」と「聖礼典の執行」を掲げ、さらにそこに「教会訓練(戒規)」を加えるものもありますが、ともかくカルヴァンが「神の言葉が説教されまた聞かれる所」と、聴き手について言及した点に大きな意義があります。神のみことばは説教されるだけでなく聴かれなければならない。ここにも説教の双方向性、「聴くこと」の主体性、能動性が表れていると言えるでしょう。そしてこのことは、説教というものがどこで完結するのかということを考えるきっかけになるでしょう。

2　説教はどこで完結するのか

説教学における一つの論点に、「説教はどこで完結するのか」あるいは「説教は何をもって完結したと言えるか」ということがあります。

確かに一つの説教を取り上げてみても、少なくとも四つの段階あるいは四つの次元があると考えられるでしょう。第一は「準備された説教」、第二は「語られた説教」、第三は「聴かれた説教」、そして第四が「生きられる説教」です。

第一の「準備された説教」とは、説教者が聖書と向き合い、何度も読み、味わい、祈りの中で神の語りかけを最初の聴き手として聴き、釈義をし、黙想し、説教原稿を整えて準備された説教です。しかしこれは説教者の手もとにあるもので、実際にはまだ会衆に向けて語られてはいません。

第二の「語られた説教」とは、準備された説教を携えて主日礼拝の説教壇に上がり、説教者が聴衆に向けて語る説教です。ここで初めて説教者の口から説教が語り出されますが、そこではすでに準備され整えられた説教が語られます。しかし生身の人間である説教者が実際の会衆の前で語る時には、単に準備された説教がそのまま再現されるわけではありません。説教者は原稿を手にしつつ、目の前にいる聴衆の様子を見て、その表情や反応を通して聴衆の語りかけを聴き取り、感じ取りながら、ときにことばを言い換えたり、繰り返したり、補足したり、あるいは即興を加えたりしながら語ります。これが「語られた説教」です。ここでは礼拝において語り手と聴き手の双方向の対話が起こっていると言えるでしょう。

実際にアメリカの黒人教会などでは、説教者と聴衆の間の盛んな「コール・アンド・レスポンス」がなされますし、日本の教会でも教派によっては説教者が「アーメンですか?」と呼びかけて、聴衆が「アーメンです!」と答えるような場面があります。牧師であった私の祖父は八七歳で召されるまでほぼ毎週説教壇に上がっていましたが、説教中にふと引用するみことばの箇所が思い出せなくなって「あれはどこだったかなあ？」と言うと、すかさず礼拝堂の最後列に座っている祖母が「○○書の何章何節ですよ！」と答えて会衆席で笑いが漏れるという、夫婦漫才のような光景を目にしたことがあります。多くの教会では、このように声に出して説教に応答することは少ないでしょうが、実際にはちょっとした顔の表情や身体の動きなど、非言語的な方法による対話が起こっているはずです。

第三の「聴かれた説教」とは、説教者の口から語られた説教が、一人ひとりの聴き手によって聴き取られ、受け取られた説教です。そこでは一人の説教者の語った一つの説教が、いくつもの説教となって拡がっていきます。一人ひとりが同じ聖書箇所を開き、同じ説教を聴いているのですが、聴き手の全員が説教者のことばをそのままコピーしたように、全員で同じように聴き取っているわけではありません。聴き手が五人いれば五通りの、一〇人いれば一〇通りの、一〇〇人いれば一〇〇通りの「聴かれた説教」が存在することになります。

それはすでに説教者の手から離れて、それぞれの聴き手たちの中に定着したもので、説教者はそれに対してみだりに介入することはできず、「聴かれたことがすべて」ということを受け入れて主に委ねることが求められるでしょう。また聴き手の側も、自分が聴き取ったことばが、神が説教者を通して語られたことに沿って、それを正しく聴き取ったものとなっているかの責任を負うことになります。つまり皆が好き勝手に語られたみことばを解釈するのではなく、「それは牧師個人の考えであって、私の考えは違う」と断定するのでなく、一人ひとりが聴き取ったみことばを通して、はっきりとした主のみこころが示されていく。そこに聖霊の働きによって教会の一致が生み出されていくのでしょう。

そして第四が「生きられる説教」です。これが説教の最終的に目指すところであり、説教の完結するところと言えるでしょう。この点については本書の結論部分であらためて扱うことにしますが、要するに聴いたみことばに生きる、生かされる。そのようにして「生きられる」ところにまで至って初めて「説教が完結した」と言うことができるのであり、その意味では毎週の一つの説教が、その週のうちに完結するというよりも、一生涯をかけて聴き続けるみことばに、一生涯かけて生きていく。これを教理のことばで言い換えれば、私たちの地上における「聖化の歩み」であり、そのようにしてキリストと一つに結ばれていく「キリストとの結合」(unio cum Christo) の歩みだと言えるでしょう。

3　受け取る、振り返る、思い巡らす

本章のテーマである「説教を聴き終えて」は、前節の四つの「段階」あるいは「次元」ということで言えば、第三の「聴かれた説教」から第四の「生きられる説教」につながるものです。厳密に

言えば説教を「聴き終えて」起こるというよりは、説教を聴いているその時にリアルタイムで同時進行のようにして始まっていることでもあるのですが、ここでは事柄を明確にするために、「説教を聴き終えた」後の私たちのあり方を三つの段階にまとめて申し上げておきたいと思います。

第一の段階は「受け取る、振り返る、思い巡らす」ということです。説教を聴き終えたら、まずはそれをしっかり受け取る。すぐに何かしらの反応をしたくなる前に、ひとまずそれを自分の心に収めるということです。

説教を聴いていると、牧師の語ることばがスッと心の中に入ってくることもあれば、聴きながら次第に心がざわつくということがあるかもしれません。説教を聴き終えて、「なるほど、そういうことだったのか」と納得に終わることもあれば、何とも言えない違和感や消化不良、もやもやした感覚を覚える時もあるでしょう。それでも反応したい心を少し脇に置いて、まずは語られたみことばを「受け取る」ようにしたいと思うのです。

次に、自分の中でみことばを「受け取った」という手応えを感じたなら、それを振り返ってみましょう。今日、主は説教者を通して私に何を語られたのか。自分はその語りかけをどのように聴いたのか。そしてその語りかけから何を聴き取ったのか。そのことをよく振り返りたいと思います。

どれくらいの時間が必要でしょうか。もしかすると少々時間がかかるかもしれませんし、一度だけでは終わらないかもしれません。二度、三度と繰り返すことで内容が変化したり、深化したりするかもしれません。そのような変化にも期待しながら振り返りましょう。そこでは前に触れたご自分の「説教ノート」が役立つかもしれません。できれば「振り返り」は自覚的に行いたい作業です。

そして振り返ったなら、もう一度、聴いたみことばを思い巡らしてみましょう。それは祈りの中で、黙想の中で、あるいは日々の生活の何気ない場面で、さまざまな仕方で行われるものです。あの説教を通して、神は私に何を語りかけてくださったのか。どんな新しい光景を見せてくださったのか。どんな気づきを与えてくださったのか。どんなチャレンジを与えてくださったのか。

そしてみことばを聴いた時の自分の心の動きを思い起こし、思い巡らすことも大切です。説教を素直に聴けたとき、心がざわついたとき、何かしらの違和感を感じたとき、深く教えられたとき、それぞれの場面での自分を心を思い起こしつつ、なぜあのとき自分の心がそのように反応したのか、それは聖書箇所の問題なのか、語り手の問題なのか、それとも自分自身の問題なのか、あるいは他の理由があったのか、さまざまに思いを巡らすことで、自分自身との対話が始まることもあるでしょう。こうした「受け取る、振り返る、思い巡らす」時を大切にしたいと思うのです。

こうして考えてみると、聴かれた説教についての理解には一人ひとりに「差異」があり、「一致」と「多様性」があることがわかってきます。またそれは時には説教に対する「肯定」と「否定」という形で現れることもあるでしょう。しかし聴き手の一人ひとりが置かれた立場、状況、抱えている課題、信仰の成熟などを思えば、それはある意味当然のことですし、その「差異」を聖霊が丁寧に扱ってくださることを通して、互いの理解が新たにされ、語り手も聴き手も、あるいは聴き手同士の間でも、皆がそれを共有していけるようになる。冒頭から触れてきた「語り手」と「聴き手」の「ズレ」も、それが意味あるものとして用いられることすら起こる。こういうところに、「教会のことば」としての説教に聴くという教会的経験が起こるのであり、この作業を地道に繰り返し、一つひとつ積み上げていく営みをもって「教会を建て上げる」、「教会を形成する」と言うことができると思うのです。

4　問う、調べる、深める

第二の段階は「問う、調べる、深める」ということです。第一の段階が終わったら、今度はもう少し客観的に、説教で語られたみことばと向き合うことが有益です。よくわかったところもあれば、少し難しいと感じたところ、理解しがたいところ、納得のいかないところも出てきます。もっと深く知りたいと思うところもあります。また説教者がこの箇所をどういう思いで説いたのか、説教者の解釈や理解を知りたいということもあります。みことばへの問いが起こること、説教への問いが起こることは、私たち自身の聖書の読み方が深められていく上での絶好の機会です。

この段階で、すぐに牧師や周囲の信仰の仲間に質問するのもよいことですが、そこを少し辛抱して、あの「ベレアの人々」（使徒17・11）のように、まずは自分自身でできるだけ調べてみることをお勧めします。

確かに一方ではペテロの手紙二1章20節で「何よりもまず心得てほしいのは、聖書の預言は何一つ、自分勝手に解釈すべきではないということです。預言は決して人間の意志によってもたらされたのでなく、人々が聖霊に導かれて、神からの言葉を語ったものだからです」と語られているように、自分勝手な解釈に陥らない注意は必要でしょう。けれどもだからといって自分で聖書を調べることを恐れる必要はありません。むしろ誰でも聖書を開き、読み、学ぶことができる、というのがプロテスタント教会の大切な原理の一つです。

そうであれば、一定の評価の定まった、信頼できる注解書や講解書を用いて当該箇所に書いてあることを読んでみる。神学校や神学大学の授業を聴講してみる。信徒向け講座に出てみる。ポスト・コロナの今では自宅にいながらオンラインで学べる機会も増えています。また幾人かの教会の仲間たちとともに聖書研究の手法とツールを用いてその箇所の読みを深めてみるというのもよいでしょう。

自分自身で、あるいは誰かとともにみことばを問い、調べ、深めていくという作業とともに、説教者に質問したり、一緒に聖書を読んでさらなる解説を聞いてみたり、聖書を調べる手引きをしてもらったり、有益な書物を紹介されたりすることにより、説教で語られたことの輪郭と内容がいよいよクリアになり、自分の聴き取ったことがさらに深められていく。こうして「聴かれた説教」がいっそう明瞭になっていくとき、それは自分自身の信仰の益になるばかりでなく、教会全体の益にもつながっていくに違いありません。

5　分かち合う、聴き直す、語り直す

そして第三の段階が「分かち合う、聴き直す、語り直す」ということです。すでに触れたことですが、聴かれた説教が聴いた人それぞれの数だけの広がりを持つだけに、それらをもう一度集めて分かち合うことは大切なことです。みことばの説教は各個人の所有物でなく、教会という共同体に与えられたことばだからです。

それはちょうど五〇〇〇人の給食の奇跡において、皆が食べて満腹した後、主イエスが弟子たちに余ったパンを集めるようにお命じになり、それを集めてみると一二の籠がいっぱいになった光景を思い起こさせるものですし、あるいは主の晩餐において一つのパンと杯が陪餐者に分かち合われ、それによって一つのキリストのからだが形づくられていくのと同様なことです。みことばの説教も、一つのみことばが皆に分かち合われることで、一つのキリストのからだが形成されていくのです。

そうであれば「聴かれたみことば」を互いに持ち寄って分かち合うことで、そのことばが個人の

ことばでなく、共同体のことばとして整えられていくということが起こるでしょう。すでに「シェアリングタイム」の試みについて記しましたが、このようなみことばの分かち合いを通して、それぞれに新たな気づきや示唆が与えられ、自分の聴き取った事柄が、他の方の聴き取った事柄によって推敲され、訂正され、さらに深められていくという作業が始まります。それは語られた説教、聴かれた説教を自分自身の中で聴き直す作業とも言えるでしょう。その時には、きっと最初に聴いた時には聴き取れていなかったこと、受け取り損ねたことが明らかになり、また分かち合いを通して新たな気づきも与えられて、さらに深められた「聴かれた説教」が生まれることになるのです。

さらにチャレンジしたいのは、こうして聴き取った説教を自分で語り直してみるということです。説教全篇を語り直す必要はありません。特に心に残ったところだけでも構いません。できればノートとペンを用意して自分が聴き取った説教のポイントやアウトラインを記し、そうして自分が聴き取ったみことばを、自分のことばで語り直してみていただきたいのです。そうすることで自分自身に語られ、聴かれたみことばが心に深く定着するでしょうし、それを自分のことばで語り直してみることで、そのことばが誰かへの福音宣教のことば、信仰継承のことば、証しのことばとなっていくのです。

これは決して珍しいことでなく、教会が長い歴史の中で行ってきた伝承行為です。使徒パウロはコリントの信徒への手紙一15章１節以下で「きょうだいたち、わたしはここでもう一度、あなたがたに福音を知らせます。私があなたがたに告げ知らせ、あなたがたが受け入れ、よりどころとし、これによって救われる福音を、どんな言葉で告げたかを知らせます」（1節）と語り始めますが、そこで「最も大切なこととして私があなたがたに伝えたのは、私も受けたものです」（3節）とあるように、ここには福音の出来事、すなわち主イエス・キリストの十字架の死、葬り、三日目の復活、弟子たちへの顕現といった出来事を、パウロが直接見聞きして書いた、というのではなく、それを自分に伝えてくれた人々がいたことが示唆されています。

こうして自分が伝えられたこと、自分が受け取ったことを、今度はあなたがたに伝える、と言っているのです。ここに新約聖書が成立するまでの間に、まだ断片的な記録であっても、まだ文字に書き表されないような段階であっても、主イエスの福音の出来事が正確に伝えられ、受け取り、それをまた受け渡すという伝承行為があったことが示されています。

今は私たちの手もとに、すでに書き表された六六巻の聖書がありますので、パウロと同じことを繰り返すことはありませんが、しかし私が聴いたことを語り直すということで、それが次の世代、他の隣人に伝えられていく。これもまた説教を聴き終えた私たちの責任と務めでもあるのです。

第九章　説教者に寄り添う

1　「共同のわざ」としての説教

次に扱いたいのは「説教者」の問題です。しかも説教者だけの問題でなく、教会の一員である「説教者」を巡る問題です。これまで学んできたように、みことばの説教が単なる音声による情報の伝達に留まらず、そこに「説教者」と「聴き手」との間の人格的な交わりがあることを思う時、しばしばこの両者の関係の在り方次第によって、みことばの説教が「語られ、聴かれる」という事態が実現することもあれば、困難になることもあるという現実を考えてみたいと思うのです。

「聴き手」である信徒たちから届けられる「みことばが聴けない」という叫び、しかも「説教は語られているのに、みことばが聴けない」という深刻な叫びがあることを見てきました。牧師はそういう声に敏感です。自分に直接届けられることがなくても、牧師の家族を通して、あるいは他教会の牧師や信徒を通して、遠くから、やんわりと、しかしある鋭さをもって聞こえてくる声は、一度聴いてしまうとそう簡単にそれを払拭することはできません。真正面から考えて自分と向き合おうという勇気と確信のある牧師もいますが、自信を失い、説教壇に立つことに恐れを感じ、その一方で自分の努力や忍耐をわかってもらえていないという失望や諦めの気持ちを抱くことさえあるのです。

しかし私たちはこれまで、説教は語り手と聴き手の共同のわざであると確認してきました。問題が生じるのは避けられないことですが、それをどちらか一方にのみ起因することと断定することはできません。そしてその問題をできるだけ早い段階で解決に導く方法、あるいはその問題を相応しい仕方で公然とフェアに扱う方法、そして問題の再発を防ぐ方法を考える責任が教会にはあり、その可能性をご一緒に考えてみたいのです。

そこでまず私から読者の皆さんへの問いかけとして、皆さんはご自分の教会の牧師が日頃果たしている働きをどれくらいご存じでしょうか。それはそのまま牧師たちに「あなたは信徒たちの日常の働きをどれくらい知っているか」という問いになって返ってくるものであり、それは牧会上のとても重要なテーマなのですが、ここではあえて「説教者」である牧師に話題を集中させたいと思います。

以前にアメリカ人の宣教師からこんなジョークを聴いたことがあります。牧師の息子が学校で友だちにこんな風に言われた。「お前のお父さんは日曜日しか働いていないじゃないか」。そう言われた牧師の息子は悔しくてこう言い返したというのです。「日曜日だけじゃないよ！　水曜日もだよ！」。

いかがでしょうか。アメリカでこのジョークが通用するとなれば、日本のような社会ではなおさら傍目から見れば、牧師というのは普段何をしているのだろうかと疑問に思われることが多いかもしれません。しかし教会員の皆さんがそれと同じだとすると、牧師としてはいたたまれない思いになるでしょう。ここでは牧師の働きの全般を論じるつもりはありません。しかし「説教」ということだけに限ってみても、それは礼拝の前日、土曜日の夕方から始めて夜に出来上がるというようなものでは当然ありません。

みことばの仕え人として召され、説教の務めを果たすべく献身している説教者が毎週の礼拝説教のために傾ける労力と費やす時間、みことばの聴き手たちのために果たすあらゆる牧会、魂への配慮に注ぐエネルギーの総量をぜひ一度想像してみてください。もちろん信徒お一人一人の一週間の仕事の総量も、本来比較するようなものではありませんが、もしかしたら牧師のそれとは比べものにならないかもしれません。

しかし、ここでも事柄を「説教」の問題に限ってみれば、みことばの語り手である説教者が主日の礼拝説教に向けて注ぐエネルギーの総量と、みことばの聴き手である私たちが説教聴聞、それに付随する説教者のための祈りや礼拝への準備に注ぐエネルギー時間の総量とは、おそらくバランスするものではないでしょう。

しかし冒頭から繰り返し申し上げた、「語り手」と「聴き手」との間に起こる「ズレ」の要因の一つに、この説教にかけるエネルギーのアンバランスさと、そのようなアンバランスがあるということへの相互の認識の欠如があるのではないでしょうか。「これだけ一所懸命準備して語っているのになぜ伝わらないのか」と説教者は悩み、「先生は熱心に話しているけれど、みことばから何を伝えたいのかがわからない」と聴衆は悩む。これが私の誤解であればよいのですが、諸教会を訪ねて牧師と語り合い、また信徒の方々の話を聞いていると、どうやらこの問題は一つのポイントではないかと思えてくるのです。

2　説教の権威、説教者の権威

みことばの聴き手たちが抱く困難さの一つに、説教についての質問や感想、時に率直な意見など、聴き手としての声を説教者に届けづらいということがあるでしょう。聴いた説教について何か発言すると、それが説教への批判のように受け取られてしまった。率直な意見を伝えたいと祈りつつ牧師と面談したが、弁解ばかりで何も受け取ってもらえなかった。それ以来、もう説教について牧師に話すのは諦めた、という声を聞くことがあります。

説教者の側も当然聴き手の反応は気になり、忌憚のない意見を聞きたいと思いつつも、実際に声が届けられると、それを素直に聞き入れることができず、つい言い訳をしたり自己弁護に終始してしまったりする。別の牧師を引き合いに出されて「あの先生のように語ってほしい」などと言われるとさらに傷つき、それが相手への怒りになり、自分の牧師としての権威が認められていないと思い、必要以上に権威主義的になったり、自分を守るために周囲に高い壁を築いたりしてしまうということがあるのです。

牧師の年齢や経験ということもあるのでしょう。私も二〇代の頃は、礼拝が終わって昼食の時間になると、ほぼ毎週、説教への意見が飛び交いました。今にして思えば、それは励ましであったり、助言であったりしたのかもしれませんが、当時の私にとっては「言われ放題」に要求され続けるつらさを感じたものです。あるときなどは、当時から名の知られた巡回伝道者の名を挙げて「先生も、あの○○先生のような説教ができんといけんよ」などと言われ、へこみようもないぐらいに落ち込んだこともありました。

こうした現象が起こる要因や背景には、単に説教を語り、聴くという関わりだけに起因しない、より深く広く複雑な背景があることが容易に考えられますが、それらの帰結として語り手と聴き手との間の根本的な信頼関係が失われてしまっている現実があります。「説教は語り手と聴き手の共同のわざ」と言いつつ、その前提となるべき互いの信頼関係が崩壊してしまっては、「共同のわざ」

を互いに担いようがありません。

さらに共同のわざとしての説教を妨げる要因の一つに、「権威」についての理解の「ズレ」があるようにも考えられます。説教者は説教についての意見や批判を受けると、つい「説教者としての権威」が傷つけられ、軽んじられたと考えがちです。しかし信徒が牧師に敬意を払うのは、牧師の人格のゆえでなく、牧師が取り次ぐ「みことばの権威」とそのみことばを取り次ぐ牧師の「務め」のゆえです。これは逆に考えると、信徒の側も気をつけないと「みことばの権威」、「みことばを取り次ぐ務めの権威」と、牧師の人間性やその度量、やさしさ、人徳などの「存在の権威」をまぜこぜにしてしまう。そしてそれがいつしか職務としての「牧師」への敬意でなく、信頼し、尊敬できる「○○牧師」の権威への服従となっていく。この「務め」と「存在」の区別がつかなくなり、務めに結びつくはずのものが「存在」に結びつき始めると、事柄はどんどん本質からズレ始めていきます。

教会のカルト化の指標の一つに「牧師の権威の絶対化」がありますが、ただ牧師が一人、自分の権威を主張し、服従を求めれば、それで牧師の権威の絶対化が実現するわけではありません。むしろそれに呼応するように、信徒たちが務めと存在の区別を見失い、存在に惹かれ、存在に依存していく信徒たちが次第に増え、牧師を必定以上に崇め奉り、その権威をより大きく認めていくところに教会のカルト化の一つのかたちがあるのではないでしょうか。

牧師と信徒の「共同のわざ」が、その本質を離れてまったく異なる「牧師と信徒の共依存化」に変質するとすれば恐ろしいことです。そのような意味でも、「権威」の問題をきちんと整理し、相互に理解し、その理解を繰り返し確認し続けるプロセスが必要ではないかと思います。

つまり本来、神に由来する権威が、いつしか人の権威や教会の権威、伝統の権威などに置き換えられ、語り手と聴き手の位置関係をある種の「上下関係」に固定化し、それによって教会の中に「権力構造」が生まれてしまう。そうした点への自己吟味と自己反省は定期的に、しかも開かれた形でチェックされる仕組みが必要かもしれません。

一九七〇年代、北米の実践神学界から登場した説教論に「帰納的説教」と呼ばれるものがあります。その契機となったのはフレッド・B・クラドックの『権威なき者のごとく――会衆と共に歩む説教』という書物でした（平野克己訳、教文館、二〇〇二年）。同書は一九七〇年代のアメリカという歴史的文脈を意識して読むことが必要なものでもありますが、ともかく同書においてクラドックは次のような指摘をします。

思考の動きには二つの方向がある。演繹的方向と帰納的方向である。簡単に言えば、演繹的な動きとは一般的真理から個別への適用や経験へと向かうものであり、帰納的な動きとは、その逆の方向をたどる。説教に当てはめると、演繹法とは、命題を述べ、いくつかの論点、つまり下位命題に分割し、それらの論点について例を挙げながら説明し、聴き手の個別的状況に適用することである。……

思考の演繹的な動きの基礎が前提としていることは、演繹法がよってたつアウトラインの形状を見れば明らかになる〔筆者注　同書ではここで図式が入るが、ここでは便宜上、言葉で説明してみると、大項目「Ⅰ」、次に「Ⅰ－A」、さらに「Ⅰ－A－①」その下に「Ⅰ－A－①－a、b」それと並行して「Ⅰ－A－②－a、b」〕。

ここで注目していただきたいのは、最初に中心の論点が掲げられ、次に個別の論点へと分割されている点である。別な言い方をすれば、結論が展開部に先立つのであり、コミュニケーションとしてはまことに不自然な様式である。もちろん受動的な聴衆を前提し、語り手にはまず結論を述べ、続いてそれを自分たちの信仰と生活へと適用する権利や権威があることを聴衆が認めているのなら話は別である。しかし、この前提条件こそ、まさしく伝統的説教が持つ権威主義――その権威が、教会や聖書に帰されるにせよ、聖職者への按手に帰されるにせよ、永遠の真理を正しく取り扱う訓練によって聖職者だけが独占的に身に付けた能力に帰されるにせよ――の基礎にあるものなのである。このような語り手と聴き手との関係は、キリスト教世界そのものがそれなりに力を持っていた限りは普通のことだったし、それゆえ、そのような場所ではこの動きはふさわしいものだった。もしも聴衆にもっと責任を負わせ、選択の余地を与え、聴衆の応答をもって結論としていたなら、会衆はうろたえ、不安になり、ひどいフラストレーションに陥ってしまっただろう。
（九七－一〇〇頁）

ここで先の〈演繹的〉構造の骨格をもう一度みていただきたい。ここには民主主義はない。対話もない。語り手が耳を傾けることもなければ、聴き手が貢献できる場所もない。会衆も自分たちの仲間であると言ったところで、会衆は飛んでくる槍を受け止めるだけである。このパターンに、下へと向かう動き、恩着せがましい思考の押しつけさえ感じとるひともいるだろう。
（一〇〇頁）

ここでクラドックは、従来の伝統的な説教を「演繹的説教」と呼び、そこで「説教する」という行為そのものの中に内在する「権力構造」を鋭く指摘しつつ、そこから「帰納法的説教」を推奨するのですが、ここではその内容にまで立ち入ることはできません。

ともかく、私たちはみことばの語り手、聴き手の両者が、「神の権威」、「みことばの権威」は認めつつも、それが教会の営みに具体的に形を取るとき、とりわけ「みことばの説教」において、どのような影響を及ぼすかについての真摯な自己反省が求められているでしょう。説教の権威と説教者の権威の取り違えのみならず、実際に語られている説教の中でさえ、権威の取り違えが起こっていることがあるのです。

3　説教者の孤立

一方で、みことばの語り手である説教者が陥りやすい危険の最たるものに、「孤立」があります。主にある交わりの大切さ、主にある友の存在の大切さを知り、それを説いている説教者自身がしばしば孤立に陥りやすいのです。

「語り手」と「聴き手」の「ズレ」がきっかけとなり、あるいは何かをきっかけに生じた行き違い、感情のぶつかりなどによって、目の前にいる聴き手、同じ教会の交わりの中に生きている一番近くにいる人々、目の前にいる聴き手たちに対して心を閉ざしてしまうことから生じる「孤立」があります。

また同じ務めに就いている同労者、しもべ仲間たちに対して、何らかの比較、何らかの劣等感や妬みが生じて心を閉ざしてしまう「孤立」があります。

また意外なことのようですが、家族の中での「孤立」もあります。特に牧師夫婦の中に生じる孤立の問題は深刻です。夫婦であれば一方だけが孤立感を味わっているということはあり得ないので、それは夫婦間の危機を意味することにもなるでしょう。

しかもこれらは、ある日突然に始まるものでなく、これまで論じてきた聴き手との間の小さなズレ、すれ違いや思い違い、誤解や思い込み、相手から向けられたことばなどが心の中に沈殿していくうちに生まれていくものです。しかもそれをうまく開示し、消化し、解決することができないために、心の中に沈殿していくものが次第に増えて堆積していくことで、次第に深刻化していきます。そしてそれらの違和感に教会も気づいているのに、長老会や役員会が適切な対処をすることができず、問題が深刻化することも少なくありません。

今は牧師や牧師夫妻のためのセルフケアやメンタリングの必要性、時には専門のカウンセラーとの対話、適度な休息、信頼できる友との語らいなどが推奨され、そのために有益な書物や実践の機会も提供されつつありますが、自分自身を省みても、孤立しやすい牧師こそ、そのようなものをどこかで忌避している場合があるように思います。「自分は大丈夫」、「自分はまだ大丈夫」、「自分はそこまで追い詰められてはいない」、「自分は他者の助けは必要ない」。このことばの中にも自分の内側に閉じていく傾向が現れています。そしてそのような傾向を生み出す要因を考えてみると、いくつかの点が思い浮かびます。

一つには説教者自身が陥っている「牧師とはこうあるべき」という律法主義的な価値観、そこから来る「牧師は他者から向けられるものすべてを受けとめなければならない」、「すべての要求に応えなければならない」、「弱音を吐くことができない」という強迫観念があるでしょう。自分自身の弱さや課題に正面から向き合えず、自らの足りなさを認めることができず、絶えず他者との比較で優劣感や劣等感に苛まれることもあるでしょう。

自分の感情と向き合えず、それを適切に処理できない、ありのままの自己を受容できないという感情のコントロールの課題もあるでしょう。そしてそのような自分を開示できないという課題があります。要するに、牧師、説教者というのは大概にして聴き手たちが思う以上に繊細で孤立しやすい面があるのです。

教会は、贖い主キリストの果たされる主な職務として「祭司職」、「王職」、「預言者職」の三重の職務を委ねられていますが、特に説教者の務めの中心には「預言者職」があります。そしてこの務めには絶えず「孤独」が伴い、預言者はその孤独に耐える必要があります。

しかしここで注意したいのは、「『孤独』と『孤立』は異なるものだ」ということです。牧師、説教者は時に「孤独」に耐えることが求められる務めですが、「孤立」してしまっては果たすことのできない務めなのです。

ボンヘッファーが『共に生きる生活』の中で述べたように、一人でいることのできない、孤独に耐えられないキリスト者は交わりに入っていくことに注意しなければなりませんし、共にいることのできないキリスト者が一人でいるときに孤立が生まれてしまうことにも注意する必要があります（『共に生きる生活　ハンディ版』森野善右衛門訳、新教出版社、二〇一四年、一〇九－一一〇頁）。

聴き手たちは説教者を神のみことばの取り次ぎ手として尊び、その権威を認めますが、それによって説教者を必要以上に高い位置に置き、理想化し、知らず知らずのうちに多くのものを期待し、要求しがちです。これが先の「務めへの敬い」と「存在への敬い」の混乱を生み、それによって説教者を、非常に強く高い権威のもとに祭り上げてしまうこともあります。往々にしてカルト化した教会の牧師が「孤立感」を抱いているのは、まさに「裸の王様」のようになってしまっているからかもしれません。

聴き手たちは、このような説教者の「孤立」を防ぐためにも、またそれ以上の当然のこととして、彼ら／彼女らも私たちと同じ土の器に過ぎず、助けや励まし、慰めを必要とする存在であることを認め、絶えず教会の交わりの中にあって「あなたもキリストにあるこの交わりの中にあって、尊くかけがえない存在だ」ということを伝えることは大切なことでしょう。

私はこれまで奉仕してきた教会で、礼拝の時に説教者としてどこに座るか、ということをよく考えさせられてきました。具体的には礼拝堂での説教者の席はどこにあるかということです。これは教会の伝統によってさまざまな考え方があり、何かをもって正しいとか間違っているとかいう類いのことではないのですが、私自身は許されるならば、礼拝堂の会衆席の一番前に座るようにしてきました。

教会によっては説教壇の上に、会衆席と向き合うようにして説教者や司式者の席が置かれるところが多いのですが、私自身は会衆席の最前列に座るのが一番落ち着くし、また自分に相応しいと考えてきました。招かれていった教会ではそうもいかないことがあるのですが、自分が仕える教会では極力そのようにしてきました。

その理由は「自分はこの群れの中で生かされており、その群れの中からみことばを語るように立てられて説教する。だから実際にも会衆席から立ち上がって説教壇に赴き、そこでみことばを語るのだ」という意識を大切にしたいと思ったからです。この群れの中にあり、この交わりに生かされ、この集いの中でともに礼拝を献げている、キリストのからだの肢としての説教者という自己認識と相互認識が重要です。

東京の教会での約二一年の奉仕を終えて東京基督教大学の法人理事長の働きに移り、三年間奉仕しましたが、その一年目は諸事情から赴任していた教会に新たな主任牧師を迎え、私は担任教師になり、千葉から通うようになりました。二年目は三月に赴任教会を正式に辞し、教団の「派遣教師」という立場になって大学理事長専任となり、普段の教会生活を送る船橋の教会に転籍しましたが、五二週のうち所属教会の礼拝に出席できたのは一〇回ほど、あとは全国各地の教会を飛び回って毎週のように初めての教会で説教をしていました。

こういう立場になった以上それは果たさなければならない働きであり、それだけの求めもあったので、できる限り応えるべく励んできましたが、自分自身の一人の信徒としての教会生活、また牧師としての召命との関わりで、大きな危機感を感じるようになっていきました。一つのきっかけは、妻と一緒に礼拝に出る機会がほとんどなくなったということ。そして妻から「あなたの説教をこんなに長く聴かないのは今までにないことだ」と言われたことでした。夫婦の間で信仰のズレが生じると、ともに主に仕えることは困難になります。それは自らの霊性にとっても大きな危機であると感じ、どうしたらよいか祈るようになりました。

そんな中、三年目に入った時に、同じ千葉県内にある市原平安教会が、前任牧師の急逝のため無牧になり、牧師を必要とする教会が生じました。私は当時、日本同盟基督教団の理事長の務めも負っていましたので、所属教会の様子はほぼわかる立場にありました。その教会は信徒が七名ほどの小さな群れで専任の牧師を招く力はない。前任の先生もすでに年金受給者ということで、僅かの謝儀でご奉仕を担ってくださっていました。そんな事情もあり、主たる務めが大学にあることを教会の皆さんに了解していただき、同じく東京基督教大学で奉仕されているマクドエル牧師一家とともに教会の担任教師として奉仕することになりました。

実際には月に二度、三度、他教会の奉仕に赴くことに変わりはなかったのですが、それでも「ここが自分の属する教会だ」と言える交わりがあり、「市原平安教会の牧師です」と名乗ることができ、そして実際に教会の方々が私たちのために祈り支えてくださることは、本当に大きな喜びであり、励ましとなりました。牧師も群れの一人だ、というのは当たり前のことでありながら、その意味は互いに思っている以上のものだということを覚えることはとても大切なことだと思うのです。

みことばの語り手である説教者は、いつもみことばの聴き手たち一人ひとりを神が教会に与えたかけがえない賜物として感謝し、その一人ひとりを祈りの中で黙想し、思い巡らしながら説教を準備しています。それと同じように説教者も神が教会に与えた賜物であり、群れの一人として祈られ、支えられ、とりなされ、生かされていると実感できるとき、説教者は孤立から守られ交わりの中の存在として確立されていくでしょう。

4　開かれた交わりの中で

こうして説教者が孤立を免れ、閉じた存在から開かれた存在になっていくとき、正しい意味での権威と謙遜を身に付け、「語り手」と「聴き手」の共同のわざとしての説教が成り立ち、それればかりでなく「牧師と信徒」、「信徒と信徒」、時には「信徒と牧師」の間の共同の牧会、相互の牧会も成り立つようにされていきます。

そんな中で、孤独に陥りやすい説教者が絶えず交わりの中に身を置き、開かれた存在であり続けるために、私たちが果たすことのできる大切な役割があります。それが「説教者に寄り添う」ということでしょう。その具体的な方法はいくつもあるでしょうが、思いつくままにいくつか挙げておきます。

第一に、牧師の日常、その家族の日常を「知る」ことです。牧師が毎日、教会員のことを心にかけ、必要があれば訪問し、病床に赴き、昼夜を違わぬ突発事案に対応し、信徒の家庭の問題や仕事の問題の相談に乗るように、牧師の家庭も、私たちと同じような課題は当然のごとくあります。そのようなことを知り、さりげなく配慮することが、牧師家庭をどれほど慰め、励ますことになるでしょうか。牧師家庭の生活ぶりを根掘り葉掘り聞く必要はもちろんありません。一昔前は「聖職は清貧に甘んじよ」というような考えがあって、牧師の生活が信徒の生活レベルを上回ってはいけないなど、絶えず教会員の目を気にして肩身の狭い生活を余儀なくされた時代がありましたが、そういう「覗き見」でなく、とにかく牧師の生活を「知ろう」とすることは、牧師家庭を大いに励ますことになるでしょう。

私たちは長く教会の中の牧師館スペースで生活しましたが、引っ越しの際にすべての荷物を搬出し終わったところに役員さんたちが来て、「先生方にこんな環境に長く住んでいただいていたとは申し訳なかった」と言われました。私たちとしては特に不満もなく生活していたつもりでしたが、そのように「知ってくれた」ということは大きな慰めでした。

第二に、これとの関連で牧師を「励まし、労い、感謝する」ことです。当然のようなことであらためて言うまでもないことですが、人が成長するには「褒めて伸ばす」のが一番です。私は子どもの頃、勉強は苦手、体も弱く、何をしてもいま一つパッとしない子どもでした。けれども当時、同居していた祖母がいつも私に「大器晩成、大器晩成」と言い続けてくれました。そのときは「大器晩成」の意味もわからなかったのですが、とにかく祖母が私を励まし、慰めてくれているということは確かに伝わってきました。

私たちがよい聴き手になるということは、初めからよい語り手に出会うというよりも、よい語り手、よい説教者を育てるということでしょう。そのためによい点を見出して褒めることも大切ですし、牧師の働きを励まし、説教の準備を労い、語られたみことばに感謝することを大事にしたいと思うのです。私たちは案外、褒め下手、褒められ下手なところがあり、特に聴き手の側は、礼拝後、説教の感謝を牧師にどう伝えたらよいか迷うことがあります。「今日の説教はよかったですよ」と言うと何となく偉そうに聞こえるのではないかとか、「先生の説教はすばらしいですね」と言えば、真の語り手は神さまだから、人間賛美になるのはよくないのではないかとか……。

そういうときは「今日はこんなことを教えられました。ありがとうございます」、「先生の説教はとてもわかりやすいです」などということばは相応しいかもしれません。言われた側の牧師も褒められ慣れていないと、どう応じたらよいかわからず、「いや、別にそんなことはないです」とついつい否定しがちです。私もあるとき、大ベテランの先生に質問したことがありました。「先生は、信徒の方から説教について褒められたり、感謝されたりしたときは、どのように応じられるのですか？」。すると先生はにこりと笑いながら、「そうですか、それはよかったですね」と言えばいいと教えてくださいました。

私自身も、これまでお仕えしてきたそれぞれの教会で、貧しい奉仕にもかかわらず、たくさんの、もったいないほどの励ましと労い、感謝を受け取ってきました。時には厳しい指摘や聖書理解の間違いを正されたこともあります。それもまた愛ゆえのことでした。

開かれた交わりの中で、語り手も聴き手もともに、そして互いに建て上げられていく。ここにみことばに生きる教会の姿があると言えるでしょう。

さらに第二のこととの関連で、第三に「説教を批評する場を設ける」ことです。これは逆説的に聞こえるかもしれませんが、説教者が自分を閉ざし、孤立しないためには、健全で建徳的な批評を受けることができる交わりが必要です。よく説教への「批判と批評の違いは何か」と問われることがあります。説教学的には厳密な定義があると思いますが、私自身の荒っぽい言い方ですが、単に問題点を指摘したり、語り手の理解度を問うたり、説教者に対して意見したりすることに終始することと、語り手にとって自分の説教がよりよくなっていくための手がかりを与えられ、具体的な知恵を与えられ、そして次の準備から新たに取り組んでみようという意欲を起こさせるものとの違いだと考えます。

そしてよい説教批評をするためには、批評すること自体を学ぶ必要もあります。多くの場合、このような役割を担うのは長老会・役員会といった場でしょう。何も会議の場に限定する必要はありません。全体の了解のもとで、個人あるいは複数の長老・役員が牧師と面談をし、説教についての批評をする。そういった建徳的な場が教会の中にあることは重要です。

私も前任の教会では、時々、役員会の場で説教の感想や意見を求めることがありました。率直な意見をいただくこともありましたし、大事な指摘を受けたこともあります。そのようなことばを聞いた時は、さすがに心が痛んだり、つい反論や言い訳を言いたくなったりしますが、そこをグッと呑み込んで謙遜に耳を傾けられるか、そしてそれを次からの改善課題とできるかが、説教者の成長にかかわってくるでしょう。

そうした批評を受けてもなお、そこから次の礼拝説教に向かうことができるのは、自分も長老・役員も、そして教会を形づくっている一人ひとりも、同じキリストのからだに連なっているという事実と、自分もその交わりの中で生かされているという実感です。その意味で、開かれた交わりの中に語り手もしっかりと自分の身を置く、聴き手たちもそのように語り手を交わりの中に迎える場を備えるということを心したいと思います。

第四に、失敗から学ぶということです。説教者も人間ですから、いろいろな弱さや欠けがあり、小さなものから大きなものまで失敗することがあります。取り返しのつかない失敗というものは基本的にはないと思いますが、場合によっては進退問題に発展しかねないものもあるかもしれません。

そういう大失敗は未然に防げるに越したことはありませんが、牧師が失敗から学べるような教会のある種の寛容さ、懐深さも必要ではないでしょうか。

東京基督教大学の大学院のゼミで、当時の山口陽一学長がいつもそのうちの一回を拙著『教会に生きる喜び』を取り上げて学生に発表させるということを続けてくださっていたのですが、あるとき、発表者の学生さんが私にもレジュメを送ってくださいました。この方は「大学院生」といっても、小学校教頭まで務められてから伝道者として献身し、学んでおられた方です。その方のレジュメにこんなことが書いてありました。

「著者は自分の動揺、迷い、後悔についてよくこれだけ赤裸々に書けると思う。多くの牧師が同じような悩みを体験するのではないだろうか。しかし、そのことは、自分の恥としてそっと思い出の片隅においやってしまう。誰もがネガティブなことは見たくない。思い出したくない。しかし、朝岡師はそれをしない。自分の失敗を失敗として認めそこから何かをつかもうとする。そこから前進しようとする。自分の位置を神の前に低いものとしてへりくだり、神から、人から常に教えをいただこうとする。それは、神を真実に信じているから生まれてくる姿勢だと感じる。自分で自分を飾ろうとしない」。

もったいないようなことばですが、しかしありがたいと思いました。事実、私はこれまで何度も失敗し、その度に悩み、考え、自分で気づけば修正し、わからないことがあったら教えを請う、そんなことを幾度となく繰り返してきました。一度のミスも許されないような余裕のない社会ですが、教会はだれでもやり直せる場所です。そしてそれは説教者にも当てはまることだと思うのです。

第五は、米国の説教学の本などでは紹介されていますが、私もまだチャレンジしたことがなく、いつか取り組んでみたいと思っている「共同の黙想」ということです。説教後の分かち合いや批評だけでなく、説教準備の段階で「共同の黙想」をする。牧師一人がみことばと向き合って祈りつつ黙想することは欠かせない説教準備のプロセスの一つですが、この段階から教会員がともに関わることで、牧師を孤立から守り、また牧師の説教に協力することができるのではないかと思うのです。やり方はいろいろと考えられるでしょう。牧師と数名のメンバー、礼拝を担当する長老や役員さんが加わることは重要と思いますが、あとは固定しなくても、三、四名のメンバーで次回かその次に予定されている説教箇所を読み、共同で黙想し、分かち合う。ただそれだけのことでも牧師はそこから多くのヒントや気づきを得られるはずです。そうしてともに説教を造り上げていくプロセスがあってもよいのではと思います。

そして最後に第六として、牧師が学び続けることを後押しするということです。牧師が学び続けることを止める時は、教会の鼓動や呼吸が止まる時と同じだと言えば、言い過ぎでしょうか。毎週の説教準備が過去のストックの使い回しになってくる。最近の神学動向にまったく関心を持たなくなる。神学書を手にすることがなくなる。学び会や研修の場に出ていかなくなる。そうなってくるとキリストのからだなる教会もだんだんと痩せ細っていきます。

もちろん牧師が高齢になって神学書を読んだり、今の神学の動向をフォローできなくなったりする。神学的なことよりも実践的なことに主たる関心を持っている。あるいは教会の経済的理由のゆえに、願ってもそのような場に行くことができない。週日はアルバイトなど働かざるを得ないなど、それぞれ個別の状況はあるでしょう。

しかし私たちとしてはできる限り、牧師が学び続けられるような環境、経済、時間への配慮をし、牧師が学び続けられるような後押しをする必要があるでしょう。十分な素材を提供せずに、美味しいご馳走を毎週出してくれ、というのは無理な要求です。私たちの側にも限界はありますが、それでもできる限りの誠意を示して、牧師の学びを励ます教会でありたいと願います。

５　信徒として「語り手」となり、牧師として「聴き手」になる

これまで説教の語り手、聴き手を巡るさまざまな事柄を論じてきましたが、そこでの前提は説教の「語り手」は牧師、「聴き手」は信徒ということでした。

けれども本章の主題である「説教者に寄り添う」ということを考えてみると、時にその立場を入れ替えてみることは、有益なことなのではないかと思います。私自身は以前に比べると主日礼拝で

会衆席に座り、聴き手の一人として説教を聴く機会が増えたのですが、自分を聴き手の側に置いてみて初めて気づくことや、新鮮に教えられることが数多くあります。信徒として「語り手」となり、牧師として「聴き手」となる。そういう機会を持つことが、互いの信頼関係を一層深め、教会の交わりを豊かなものとすることができるのです。

前任の教会では、定期的に神学生に夕拝で説教をしていただき、その後、神学生たちで批評の時を持ち、我が家で夕食を食べて主日を終えるということが通常のパターンでした。荒削りな説教もあれば、綿密な釈義レポートのような説教もあれば、もう牧師のような出来上がった説教もありました。今日はどこに連れて行かれ、どこで着地するのだろうと聞いていて不安になるような説教もありました。しかしそれでもやがて牧師になる神学生たちが一所懸命に準備した説教を聴くことは恵みの経験でしたし、そのようにして過ごした方々が、今は立派な牧師、説教者となって全国各地の教会で奉仕されていると思うと、御名を崇める思いです。

また長老・役員によって説教してもらうことも教会にとって大きな益があります。牧師では語り得ないことばをもって、しかしその教会でともに生きる一人として取り次いでくださるみことばの説教は、意識するとせずとにかかわらず、必ず普段の牧師の語っている説教と共鳴し合い、それによって教会を建て上げることばとなっていくのです。かつても私が留守をするときに、しばしば役員さんが説教壇に立ってくださいました。後でその時の録音を聴くと、「朝岡先生はいつも○

○のように教えてくださっています。私たちもその教えを心に留めつつ今日のみことばに聴きましょう」というようなことばを冒頭で語ってくださるのです。それは小さいことのようですが、実は「教会を建て上げることば」として重要な意味を持つものです。そのような信徒の説教者がいてくださることはとても幸いな経験でした。

東京基督教大学に奉職していた際に兼任していた市原平安教会は、私たち夫妻と、同じく東京基督教大学の寮主事を務めるマクドエル牧師ご一家の二組で牧会にあたっていました。この二組と信徒が全員揃って一〇名という小さな教会ですが、皆さん、熱心かつ忠実に礼拝を守る方々でした。私とマクドエル先生で交互に説教をするのが原則でしたが、実際には私が他教会に奉仕に出かけることが多く、マクドエル先生がかなりの頻度で説教を語ってくださいました。

彼は日本に来て献身し、東京基督教大学で学び、卒業と同時に日本同盟基督教団の補教師に任じられるとともに、母校の寮主事の働きに就くという、少し変則的な経緯を辿った方ですが、礼拝説教は日本語で準備し、説教原稿も日本語で書き、日本人のお連れ合いである綾子さんにチェックはしてもらうものの、ほぼ自分で準備したことばで語ってくれました。また日本語の説教原稿を毎回、印刷して皆さんに配付するという念入りな準備をしてくれていました。こうした入念な準備を経てマクドエル先生が一所懸命に説教を語ってくだされば、やはり聴き手の側も真剣に聴かざるを得なくなります。それで皆は配られた原稿を目で追いながら説教を聴いていますが、私はいつものように腕を組み、目を閉じて、説教者の語ることばに集中して聴くようにしています。「語り手」である自分が「聴き手」になってみことばに教えられ、養われることは、とても大切なことだとあらためて教えられています。

第一〇章　対話が生まれる説教

1　説教における二つの次元

これまで繰り返し学んできたように、説教には「語り手と聴き手の、真の語り手なる神の語りかけに対する応答」という性格と、「語り手と聴き手の、真の語り手なる神の語りかけのみ前での対話」という性格があると言えるでしょう。

ここでの第一のポイントは、「語り手」である説教者も「聴き手」である聴衆も、第一義的にはともに神のことばの「聴き手」であるという事実です。そして第二のポイントは、この神の語りかけを前にして、説教において「対話」が起こるという事実です。

もちろん説教は父なる神が御子を通してお遣わしになった聖霊の働きにより、聖書を通して語られる「上から」の語りかけを、神によって召され、立てられた説教者が取り次ぐという意味で、まさに「神の言葉の説教が神の言葉」であり、そのことばは「神の宣言」、「福音の告知」であるゆえの権威を帯びています。

しかし、その神の権威、神のみことばの権威がいつしか人の権威、教会の権威、伝統の権威などに置き換えられ、語り手と聴き手の位置関係を固定化してしまってきたのではないか。そんな反省についても前章で触れました。そしてそのような説教のあり方を批判したクラドックの「帰納的説教」についても扱いました。そこでは聴き手たちは単なる受け身の存在、教えられる存在ということでなく、むしろ聴き手たちが個別の経験や人生における具体的出来事を通してみことばの経験の中に参与し、みことばと共鳴し、みことばに巻き込まれるようにしながら動かされることを目指すもので、それによって聴き手たちの中に新たな問いや対話が生まれることが期待されています。それは「神との対話」という意味で「垂直的」であり、「神にあっての対話」という意味で「水平的」でもあります。またそれはキリストの贖いに基づく、上からの一回的で決定的な語りという点で「キリスト論」的でありますが、キリストの御霊が私たちの内に住み、贖いの恵みを互いに繰り返し反復させる対話的な語りという点で「聖霊論」的でもあります。

このような神のことばの「宣言的」・「垂直的」・「キリスト論的」次元と、「対話的」・「水平的」・「聖霊論的」次元を捉えるときに、説教を通して「対話」が生まれていく地平が開かれていくのではないかと考えます。

2　他者と対話し、自己と対話する

では説教から生まれる対話とは具体的にどのようなものでしょうか。一つは「他者との対話」です。これについてはすでに扱ったことですが、同じ説教を聴いた聴き手同士の間で起こる対話、それは質問であったり、感想であったり、分かち合いという形をとるものでした。

いま一つは「自己との対話」です。自分ひとりで聴いた説教そのものと対話する。祈りの中で聖霊の導きを求めつつ、自分で聖書を開き、それを確かめ、あるいは説教集や講解書、注解書などを紐解きながら、いっそう深くその内容を味わい自分の中にみことばを身体化し、生活の中に具体化していくプロセスです。そこで自分ひとりでは解決に至らないような質問や、それをきっかけに牧師と話してみたいことがあれば、それによって牧師との対話に進んで行くこともあるでしょう。

さらにここで考えたいのは、説教を聴いた後のみならず、もう少しトータルな意味での「自己との対話」についてです。

先に「私は何を聴きたいのか」を問いました。「説教の聴き手である私たちが自分自身と向き合い、自分は神のみことばの説教に何を期待しているのか、どのようなことばを待ち望んでいるのか、何を聴きたいと願っているのか」との問いかけでした。第2節では「私は『本当のところ』、何を聴きたいのか」と、さらに踏み込んだ問いかけをしました。「私は『自分たちを満足させてくれる説教』を聴きたいのか、そのような『耳触りのよい説教』を語る、『人々を満足させる』ための説教者を求めているのか。それとも『神が語りたいと願っておられるみことばの説教』を聴きたいのか」と。

このような自分との対話は、説教を聴く前に終わるものではありません。説教を聴きつつも続いており、説教を聴き終えてもなお続きます。しかも単に続くだけでなく、その問いはやがて広がり、深まっていきます。聴いた説教の内容を巡る対話のみならず、みことばを聴いた自分自身と向き合うことにもなります。

「私は今日、神のみ声を聴いたのか」。「今日、神は私に何を語りかけられたのか」。「私は神の語りかけをきちんと聴き取ることができたのか」。「私は神の語りかけをどのように聴き取り、理解したのか。あるいは聴き取ることができなかったのか。できなかったとすればそれはなぜなのか。語り手の側の問題なのか、それとも聴き手である自分自身の問題なのか。そこにある課題は何なのか。その課題は自分で気づいていることなのか、そうでない何かなのか」。これらの問いを自分に向け、それに対して考えていく中で、私たちはそこに今の自分自身の姿が浮かび上がってくるのを見ることになります。

自分の信仰、自分の経験、自分の実存。それが鋭く、深く、さまざまな角度から刺され、問われ、探られることになるのです。それはすぐに答えが出るものばかりとは限りません。長く取り組み続けなければならないことの始まりとなる場合もありますし、すでにあったけれども目を背けていたことや隠されていたことが顕在化する場合もあります。しかし神が説教者を通して語られたということ、それが心に刺さったということは、それらを通して自分と向き合い、対話するように神が促されたのだと言えるのではないでしょうか。

3　読む者が読まれる

こうしたみことばの経験を、深く示唆に富んだ言葉で描き出している一冊の本をご紹介します。塩谷直也先生の著書『信仰生活の手引き　聖書』（日本キリスト教団出版局、二〇一二年）です。『信仰の手引き』と名付けられているように、薄くて小さな、そしてとてもやさしいことば遣いで書かれている本ですが、内容は非常に深く、教えられるところの多い書物です。この本の中で塩谷先生は聖書との関わりを「触れる」、「読む」、「出会う」、「生きる」、「語る」とまとめておられます。こうしたまとめ方自体にも共感し惹かれるところがあるのですが、その中の「出会う」という章の「読む者が読まれる」というくだりから少々引用します。

聖書を読んでいると、自分の考えと聖書の考えが対立するところが出てきます。私たちが「A！」と叫ぶのに、神さまは「B！」と主張して譲らない場面があちこちにあるのです。この時、自分の考えに合わないからと、聖書を投げ出さないでいただけますように！　ここが踏ん張りどころです。なぜならこれもまた大きな「出会い」なのですから。イエスは十字架にかかられる前に、天の父に叫びます。『父よ、できることなら、この杯をわたしから過ぎ去らせてください』（マタイ26・39）。この祈りに対し、あれほど親しかった天の父は何も答えません。イエスは沈黙を通して「否！」の答えをもらい、祈りの「敗北」を体験します。しかしこの敗北を突き抜けて祝福の道が開かれ、復活の命が鼓動を始めます。神さまが私たちの願いを聴き取ってくれた。気持ちを分かってくれた、との「勝利感」に満たされて読める時もあります。しかし聖書はそれだけでは到底終わらない書物です。聖書の主張と私たちの願いが対立し、結局は自分の願いが聞かれない、つまり「敗北」を体験させられる書物でもあります。自分の思いはまるで無視されたかのように、神の決定した冷酷な計画だけが前進する一日が実際に起きてしまうのです。

（九一－九二頁）

塩谷先生はこの後、旧約聖書のイザヤ書55章8節、9節を引用してから、さらにこう続けます。

神の「思い」を前に、私たちの「思い」は退けられます。しかし、この神の前に白旗を揚げる時にのみ与えられる祝福、復活の命、真理があるのです。聖書は私たちの自意識をくすぐり、ライフプランを後押しする書物ではなく、最終的に種々の敗北を通して新しい命へと招く書物なのでしょう。その時、聖書を読んでいたのに、自分自身が神から「読まれていた」と気づきます。……主客転倒が起こります。（九二―九三頁）

読んでいる自分が読まれているという経験。これは説教聴聞においても起こることであり、何よりも信仰生活そのものによって起こることでしょう。そこでは自分自身との対話がいつしか神との対話へとつながるということが起こるのです。

自分自身の内奥にあるものと向き合い対話するという「閉じた」対話が、いつしかやがて生ける神と向き合い対話するという「開いた」対話へとつながっていく。実に不思議なことです。しかし宗教改革者カルヴァンが『キリスト教綱要』第一篇の書き出しに「我々の知恵で、真理に適い、また堅実な知恵とみなされるべきもののほとんどすべては、二つの部分から成り立っている。神を認識することと、我々自身を認識することとである。ところが、この二つは多くの絆によって互いに結びつけられているのでどちらが他に先立つか、どちらが一方を生み出すかを見分けることは容易ではない」と記したように、神と語り合う「大宇宙（マクロコスモス）」と、己れと語り合う「小宇宙（ミクロコスモス）」は遠く隔たったものではありません。

そして自分との対話から神との対話への連鎖がもっとも濃厚かつ緊密なものとなるのは、人生における苦難においてであることを私たちは経験的に知っているでしょう。「苦しみに遭ったのは私には良いことでした。あなたの掟を学ぶためでした」（詩編119・71）と言われるとおりです。

しかし地上の生において、すべての問いに神からの答えが与えられるとは限りません。むしろ一生涯かけて問い続け、問い続けるうちにその生涯を終えるようなこともあり得ます。主のみ許に行ってみなければ、終わりの時を迎え、すべてが完成した時を迎えてみなければ、決して私たちにはわからない神の秘められた奥義があり、みこころがある。それをわきまえ知った上でなお、神に問い続けながらみことばを聴き、聖書を読み、みことばに問われ、聖書に読まれるという経験を重ねていく。それが信仰の歩みの真実な姿と言えるでしょう。

第一一章　聴くこと、生きること

1　「生きられる説教」、「生きられてこその説教」

第八章第2節「説教はどこで完結するのか」において、そこには少なくとも四つの段階、四つの次元があると申し上げました。すなわち「準備された説教」、「語られた説教」、「聴かれた説教」、「生きられる説教」です。そこで説教がどこで完結し、何をもって完結するかという場合の、説教の究極の目標となるのが最後の「生きられる説教」ということです。

礼拝において説教者を通して神のみことばが語られ、それを私たちが聴くとき、そこでは何が起こるのでしょうか。それらは端的に言えば、主イエス・キリストに「従う」ことであり（マタイ4・18－22、マルコ1・16－20、ルカ5・1－11、ヨハネ1・39）、主イエスを「証しする」ことであり（使徒4・19－20）、イエス・キリストは主である「告白する」こと（ローマ10・9－10）であり、主イエスについて「語る」こと（Ⅱコリント4・13）であり、要するに「生きること」そのものと言ってよいでしょう。

信仰の世界においては、神のみ声に聴いたなら、神に従い、証しし、告白し、語るということが生起するのであって、そこでは聴くことと生きることが分かたれることのないひとつながりのものとして示されています。神のみ声を聴いたなら、一端態度を保留にして、プラスマイナスを計算して、損得勘定を見極めて、その答えを踏まえた上で、それで従えそうなら従います。無理そうならやめておきます、というようなものはないのです。

この点をもっとも鮮明に言い表したのが、あの一九三〇年代のドイツで、ヒトラー率いるナチ政権の疑似宗教的支配の中で、キリストのみ声にのみ聴き従うと言い切った、バルメン宣言の第一項です。

聖書において我々に証しされているイエス・キリストは、我々が聞くべき、また我々が生と死において信頼し服従すべき神の唯一の御言葉である。

教会がその宣教の源として、この神の唯一の御言葉のほかに、またそれと並んで、さらに他の出来事や力、現象や真理を、神の啓示として承認し得るとか、承認しなければならないなどという誤った教えを、我々は斥ける。

宗教改革の時代に生み出された信仰告白文書を読むと、その多くがヨハネによる福音書10章の羊飼いと羊のたとえを引用し、そこに羊飼いなるキリストと、その声に聴き従う教会の姿を見てきたことがわかります。一五二六年、ヨハン・コマンダーによって作られた「イーランツ提題」の第一項は次のように告白します。「キリスト教会は神のことばから生まれる。教会は神のことばにとどまり、他の声を聞くべきではない」。その二年後の一五二八年、ベルンの改革者ベルトルト・ハラーとフランツ・コルプは、当地の宗教改革への移行を決する討論会のために作成した「ベルン提題」の第一項に、先の「イーランツ提題」の第一項を引用して、次のように記しました。「キリストが唯一の頭である聖なるキリスト教会は、神の言葉から生まれ、この神の言葉に留まり、よその声を聞かない」。この「ベルン提題」からおよそ四〇〇年後、再びこの告白のことばが鳴り響く時が訪れました。「バルメン宣言」の前年にあたる一九三三年五月、ラインラント領邦教会の改革派の神学者、牧師たちによって作られた「デュッセルドルフの命題」（正式に「教会の形態に関する神学的宣言」）は第一項でこう告白したのです。「キリストのみをかしらとする聖なるキリスト教会は、神の言葉より生まれ、そこに留まり続け、異なる者の声を聴くことをしない」。

こうして、ヨハネによる福音書10章は、一五二六年の「イーランツ提題」から一五二八年の「ベルン条項」へ、さらに「ベルン条項」から一九三三年の「デュッセルドルフの命題」へと受け継がれ、そして一九三四年の「バルメン宣言」第一項へと流れ込んでいるのです（『増補改訂版「バルメン宣言」を読む――告白に生きる信仰』いのちのことば社、二〇一八年参照）。この事実は、宗教改革の時代にも告白教会闘争の時代にも、「神のみことばのみ」「キリストのみ」という信仰の告白が脅かされる事態が生じたときには、教会がいつでも主イエスのみことばに立ち戻ったことの証しと言えるでしょう。

この主イエス・キリストと私たちの関係が明瞭に語られるのが、ヨハネによる福音書10章の主イエスの説話です。3節から5節でこう言われます。「門番は羊飼いには門を開き、羊はその声を聞き分ける。羊飼いは自分の羊の名を呼んで連れ出す。自分の羊をすべて連れ出すと、先頭に立って行く。羊はその声を知っているので、付いて行く。しかし、ほかの者には決して付いて行かず、逃げ去る。その人の声を知らないからである」。また27節でもこう言われます。「私の羊は私の声を聞き分ける。私は彼らを知っており、彼らは私に従う」。

ここで主イエスはご自身を羊飼い、私たちをその羊飼いに導かれる羊の群れにたとえられます。さらに14節、15節ではこうも言われます。「私は良い羊飼いである。私は自分の羊を知っており、羊も私を知っている。それは、父が私を知っておられ、私が父を知っているのと同じである」。羊飼いなる主イエスと私たち羊との関係を、三位一体の第一位格なる父なる神と、第二位格なる御子ご自身の関係と「同じ」と言われるのです。これは驚くべきことで、それほど両者には分かちがたく緊密で愛に満ちた交わりがあると教えられるのですが、そこで重要な役割を果たすのが「声」です。

ここで羊たちは羊飼いの「声」を聴く。そして自分の羊飼いの声を知っており、その「声」を他の「声」と聞き分け、自分の羊飼いの「声」に付いて行く。そしてほかの者には決して付いて行かないで逃げ去る。なぜならその声を「知らない」からと言われる（10・3－5、14、15、27）。このように、私たちが私たちの主イエス・キリストを知り、信じ、お従いするのは、その「声」によってであり、その「声」を聞き分けたならば、それに「付いて行く」、「従っていく」です。ここで「聴く」と「従う」との間には、いささかの隙間も留保もありません。

主イエス・キリストのみ声を聴いたなら、その声に従って生きるものとなる。従うかどうかは考えてから決めますというのでなく、従えそうな声にだけ聴きますというのでもなく、主のみ声を聴いたならそれに従うというシンプルな世界がそこにはあります。神のみことばは観念や抽象の世界に留まるものでなく、実際に私たちの生き方を形づくる、極めて具体的で現実的なものです。

神のみことばによって引き起こされる「悔い改め」（メタノイア）が方向転換を示すように、まさに私たちの生き方の転換を生み出すのが、神のみことばの説教であり、単なる現状追認、現状肯定に留まることなく、私たちの生き方を激しく揺さぶり、根本的に作り替えるほどにラディカルなもの、私たちをある「危機」に立たしめるもの。それが神のみことばのリアリティーです。

まさに神のみことばの説教は、「準備され」、「語られ」、「聴かれ」、そして「生きられる説教」であり、「生きられてこその説教」なのです。

2　「愛の手紙」としての説教

加藤常昭先生の書かれた『愛の手紙・説教――今改めて説教を問う』（教文館、二〇〇〇年）という講演録があります。私はこの本から実に多くのことを教えられました。中でも同書のタイトルとなり、実際に本の半分近い分量になる講演「愛の手紙・説教――講解説教の再生を求めて」に深い感銘を覚え、何度も読み返しました。

かつて前任教会で最後に取り組んだヨハネの手紙三の講解説教の中で、この講演について触れたことがありました。少し長い引用になりますが、そのまま紹介します。

この講演で加藤先生が「説教というのは手紙なのだ」と言われる。説教というのは手紙だと。手紙のようなものとか、手紙になぞらえられるというのではなく、それは手紙そのもの、しかも愛の手紙だと。……私が加藤先生を通して教えられたのは、手紙の語り方に現れるもの、書き手が送り手に対してどういう思いでそのことばを語っているかということでした。

この講演の中で、加藤先生が恩師であられたルードルフ・ボーレンのあることばを受けて語られるくだりがあります。かつてボーレン先生が日本に来られた際の講演で「説教者には殉教の覚悟が必要だ」と言われた。ところが講演を聞いていた日本の牧師たちにはその意味がよく分からなかった。それで説教者に殉教の覚悟が必要だというのはどういうことですか、という質問が出た。そのやりとりを踏まえて加藤先生がこう言われるのです。

「聴き手である教会の者たちに、常に愛の手紙を書き送るように説教を語り続ける説教者が、そこで殉教の覚悟をしているということは、その聴き手のために、教会のために命を注ぐ愛に生きているということであろう。ボーレン教授も、日本の若い説教者たちに、主の教会のためにいのちを注ぐ愛に生きてほしいと求めたのである。これこそまさに聖書に残る手紙の書き手たちが常に心得ていたことである」。

説教者が殉教の覚悟をしているということは、その聴き手のために教会のために、いのちを注ぐ愛に生きているということだと。ただ業務的な手紙を書いているのではない。聴き手を生かすために命を注ぐようにして書き送っている手紙なのだ。それが聖書に残っている手紙の書き手たちが心得ていたことだと。これは非常に大事なことだと思います。

毎週この礼拝でみことばが語られる。それを皆さんが聴き、受け取る。その時にそこで起こっていることは何かと言ったら、そこでは命を注ぐ愛が受け渡されているのだと。私はヨハネの福音書、黙示録、そしてこの手紙を読みながら、まさにそのような教会への愛というものがこの手紙の中に溢れていると思います。確かにこの手紙は非常に短いのですが、しかしこれはまさしく愛の手紙だと言えるでしょう」（『大いに喜んで――ヨハネの手紙第二、第三講解説教』教文館、二〇二二年、一八－二〇頁）。

ヨハネの手紙に限りません。パウロも、ペテロも、ヤコブも、ユダも、新約聖書に収められた手紙は、その真筆問題は別としても、いずれも「愛の手紙」であることに間違いありません。しかもそれは書簡だけにも限りません。ヨハネは福音書の締め括り近くの20章31節で次のように記しました。「これらのことが書かれたのは、あなたがたが、イエスは神の子メシアであると信じるためであり、また、信じて、イエスの名によって命を得るためである」。

ここでの「これらのこと」とは、直接的にはもちろんこのヨハネによる福音書を指しているのですが、それだけでなく他の共観福音書も使徒言行録もヨハネの黙示録も、また新約にも限りません。旧約の創世記からマラキ書まで、旧新約全六六巻の聖書全体が、神が私たちに宛てて書き送ってくださった「愛の手紙」だと言ってよいのではないでしょうか。

そしてみことばはそのようにして、説教者を通して「語られ」、私たち聴き手たちに「聴かれ、生きられる」ことを願っているのです。

3　聴くこと、生きること

私はこれまで、自分自身にも言い聞かせ続け、教会の皆さんやバイブルキャンプで出会う中学生、高校生、大学生や青年たちに繰り返し語ってきたことばがあります。それは「信じることと生きることが分かたれない生き方をしよう」ということばです。このことについて、『信じること、生きること――大人になった「僕」が、10代の「僕」に伝えたいこと』（いのちのことば社、二〇二四年）という本にまとめました。

信じることと生きることが二元化しない、乖離しない、二つの法則で動かされない。簡単なことではありません。この世の常識や価値観との絶えざる衝突、摩擦、せめぎ合いがあります。しかしそこでただ息苦しさと堅苦しさに縛られた律法主義的な生き方ではなく、福音のもたらす自由と喜びによって形づくられ、御子の贖いによって罪赦された感謝と、義と認められ、キリストと一つに結び合わされた幸いを存分に味わい、聖化の途上ある自らの弱さ、愚かさ、罪深さ、不完全さを引きずりながら、それでもすでに罪の奴隷の状態から解放され、今や御子イエス・キリストのゆえに神の子どもとされ、聖霊によって主イエス・キリストの父なる神を「アッバ、父」とお呼びすることが許された者とされている。

そして神に愛される子どもとされているがゆえに、神のあわれみと恵みの中で私が私として存分に生き切ることのできる幸いな生き方を与えられている。三位一体の生ける神のみことばには、私たち一人ひとりのうちに、そのような生き方を形成する力があるのです。このことを私はこれまで繰り返し、さまざまな場面で語り続けてきました。

私はこのような確信を、使徒パウロの語り方から学んできました。コリントの信徒への手紙二3章2節、3節にこうあります。「私たちの推薦状は、あなたがた自身です。それは、私たちの心に記されていて、すべての人に知られ、また読まれています。あなたがたは、私たちが書いたキリストの手紙であって、墨ではなく生ける神の霊によって、石の板ではなく人間の心の板に記されたものであることは、明らかです」。

当時の大都市コリントの町にあった教会は、分裂分派、種々の罪と不品行、霊の賜物を巡る混乱、使徒の権威を巡る見解の不一致など多くの問題を抱えて混乱し傷ついた教会でした。しかしパウロはそのような混乱と痛みの中でみことばに聴き続けていたコリント教会の信徒たちについてこう言うのです。「あなたがたは、私たちが書いたキリストの手紙」だと。自らが語った神のみことばの実り、その記録としての手紙、それがみことばの聴き手たちであるあなたがた教会だと言うのです。私はここに「語られ、聴かれ、生きられる神のことば」としての説教の、究極の姿を見ます。

説教者が取り次ぎ語った神のみことばが本当に神のみことばであるか否かは、その釈義の厳密さ、その解釈の正しさ、その語り方の相応しさと言うこと以上に、その語られたみことばによって人々が生きることができるかどうかによって証しされるのです。みことばを受け取った聴き手たち一人ひとりが、福音の喜びに生かされているか、律法の奴隷に逆戻りしていないか。まことの羊飼いなる主イエスのみ声を聞き分け、その声に付き従う生き方に向かっているか、たとえその進む道が艱難辛苦に溢れた道であったとしても、「私についてきなさい」との主のみ声を聴いて、躊躇うことなく、態度保留にすることなく、すぐに従っていく、そのような生き方が形づくられているか。それが肝心なことです。

どれほど精緻な釈義がなされ、どれほど深い神学的な含蓄が込められ、どれほど技巧に富んだ語り口で、どれほど雄弁に語られる説教であっても、その説教によって聴き手たちが福音の喜びに生きることができなければ、それはみことばが語られ、聴かれたということにはならないでしょう。どれほど研ぎ澄まされた耳をもって説教を聴き、どれほど鋭敏なセンスをもって説教を分析し、どれほど的確な批評を説教者に対して為すことができても、その説教によって自らの生き方に「回心」（メタノイア）が起こることがなければ、それもみことばが語られ、聴かれたということにはならないでしょう。

しかし本当に私たちが神のみことばを聴いたなら、みことばは私たちの生き方を変革し、私たちの価値観を変革し、私たちの優先順序を変革し、私たちの日常生活を変革し、私たちが信じているように生きる者となる。まさに神の民として形成されていくことになるのです。そして私たちの生活が神の民として変革し、形成されていくことによって、私たちの住む地域が変革され、私たちの生きる社会と時代が神の国の価値観へと変革され、神の国の成就に向かって進んで行くことになるのです。

「聖化」のみ業は単に個人の品性や霊性の変化にとどまるものではありません。「み国が来ますように」と祈り、「みこころが天になるごとく、地にも」と私たちが本気で祈り、本気でその祈りに生きる時、罪に堕落し、痛みと破れの拡がるこの被造世界全体が回復へ、さらには更新へと方向付けられ、そこで先に祈った「主の祈り」の祈りの成就へと教会共同体を動かすものとなるのです。

母校の一つ、神戸改革派神学校時代の恩師牧田吉和先生が、神学校校長を退かれる時の最終講義を聴きに東京から神戸に赴きました。二〇〇七年三月六日のことです。その時の講演題は「神学を生活の中へ――オランダ改革派敬虔主義の今日的課題」というものでした。先生がこれまでご自身の信仰と実存をかけて、情熱をもって教え続けてきてくださった教義学の集大成であり、その真髄が表れた感動的な講義でした。それは「神のみことばは生活の中で生きられるもの」、「神学はそのように人と世界を生かすためにこそある」という確信を表明するもので、そのことが私自身の心に深く刻まれる経験となりました（この時の講演は『改革派神学　第34号　牧田吉和校長退職記念号』神戸改革派神学校、二〇〇七年、四－二二頁に収められています）。

そして自分も神のみことばに仕える者の一人として、そのように聴き手たち一人ひとりの生活の中に届き、その生活をみことばによって変革させることのできる説教を語る者となりたいと願ってこれまでの奉仕を続けてきました。そして許されるならパウロのように、「あなたがたは、私たちが書いたキリストの手紙だ」と言い切れるような奉仕をしたいと願ってきました。まだそれが達せられたとは思いません。しかしそれを目指し続けたいと願っていることは確かです。

おわりに——語られ、聴かれ、生きられるみことば

本書の締め括りに、私自身の信仰の歩みにおいて忘れられない説教聴聞の経験をお分かちしたいと思います。

今からもう四〇年も前、高校一年生だった一九八四年六月一〇日、ペンテコステ礼拝で語られた「神の声に聴く」と題した説教です（朝岡茂説教集編纂委員会編『朝岡茂説教集　第二巻』土浦めぐみ教会、一九八七年、八一－一〇七頁。なおこの時の説教は以下に公開されています。https://youtu.be/kUVZcnOCbH0）。

聖書箇所は使徒言行録4章13節から23節、説教者は私の父、朝岡茂牧師でした。この説教をその後、幾度となく聴き返してきましたが、今までこれ以上の説教を聴いたことはないというほどの強烈な経験として残り続けています。

その時、父は末期の膵臓癌で入院中でした。その二年前には直腸癌を患い、若い頃には肺結核で片方の肺を切除していましたので、もうお腹の中の主要な臓器は摘出され、ほぼ空っぽのような状

態でした。そんな中、病院から外出許可を得て礼拝に臨み、立って説教をすることができないため、急遽、教会の目の前にあったラーメン屋さんからカウンター用の高い椅子を借りてきて、そこに座ったまま語られた説教でした。後半は父の救いの証しが語られていて、父なりのある覚悟を持って語っていることが伝わってくる説教でした。

「自分の見たこと、聴いたことを話さないわけにはいかない」。この使徒のことばが説教者の言葉と一体となって聴衆に語りかけてきました。そしてこれが説教者としての父の最後の説教となりました。その後、浜松のホスピスに移り、その年の暮れ、一二月三〇日の日曜日、二一年間奉仕していた土浦めぐみ教会の朝九時の礼拝開始に合わせるように天に召されていきました。四八歳の伝道者生涯でした。

今でも時々、その説教の録音テープを聴き返すことがありますが、病の中にあっても、その説教はまことに力強いものでした。キリストと出会い、神の愛に生かされてきた感謝に溢れた説教でした。そして何よりも聴衆の一人であった一六歳の私にとって、目の前にキリストの証人が立っている。そこにいのちをかけた証言がある。そしてこのいのちがけのことばを確かに聴いたという体験が身体の中に深く刻み込まれるものとなったのです。

私に、みことばを語るということ、みことばに聴くということ、みことばに生きるということを、その生きざまをもって教えてくれたのは父でした。四八歳で天に召された父の年齢をすでに越え、牧師、説教者としての経験もそれ以上になりました。そんな今でも父の説教を読むと、「こんな説教はできないな」とつくづく思います。そこには神のことばに捕らえられ、生かされてきた一人の人の「存在の凄み」のようなものがあるのです。

私も、貧しい土の器に過ぎない者でありながら、主がこの務めに召してくださり、今でも必死になって「準備し」、「語った」説教を主が用いてくださって、そのみことばの説教を通して、聴き手の一人ひとりが「語られ、聴かれ、生きられる」ことができるなら、そして信じるように生き、その生きざまをもってキリストを証しする信仰者として歩まれるなら、それはみことばの語り手としては最高の喜び、光栄であり、そのようなみことばの語り手として生涯をまっとうしたいと心から願っています。

そんな私の取り次ぐ説教の、よき聴き手をお二人、紹介させてください。お一人は、前任教会の教会員Kさんです。Kさんは教会の初期からのメンバーで、いつも忠実誠実に主を愛し、役員としてもずいぶん長く教会を支えてこられた方です。一〇年ほど前に仕事中に脳出血で倒れ、以来半身に少しの麻痺が残って、仕事も辞め、教会の奉仕からも退き、しばらくはずいぶん落ち込んだ日々を過ごしてこられました。それを機に当時の教会堂から徒歩一、二分のところに移られて少しずつ元気になり、毎週の礼拝や水曜日の祈禱会に集うようになりました。

コロナ禍に見舞われて、主日礼拝もオンライン配信に切り替えざるを得なくなり、日曜日に教会に来るのは司式・説教の私と奏楽をする妻、そして輪番で来られる役員さんの三人という日が始まってしばらくした頃、Ｋさんが「先生、礼拝堂で一緒に礼拝してもいいですか？」と言ってこられました。教会の一番近くに住んでおられることや、オンラインで礼拝出席するのがままならない事情もあり、特例として「どうぞお出でください」とお返事し、それから日曜日になると礼拝堂の片隅に座って一緒に礼拝をささげるようになりました。

最初の頃の私の感覚は、牧会的な配慮のもとにＫさんを礼拝に迎えているというものでした。しかし、しばらく経つうちに大切な気づきが与えられました。今のこのような状況下で、Ｋさんはここに集うことのできない教会の皆さんを代表してここにいるのだという気づきです。

思いがけない病を得て人生が一変したＫさん。教会に一番近いところに住むようになったＫさん。かつてのように働くことはないＫさん。そんなＫさんが日曜日の朝になるとゆっくりゆっくり歩いて教会に来られ、礼拝堂の椅子に座り、賛美を歌い、祈りをささげ、悔い改めと赦しの宣言をともにし、十戒を唱え、説教を聴き、信仰を告白し、とりなしの祈りに心を合わせ、献金し、派遣と祝福を受け、そして遣わされていく。その姿をあらためて見つめる時に、主が今この時、Ｋさんを礼拝者の代表として立て、みことばの聴き手の代表として与えてくださっているという恵みの事実に気づかされたのです。

多くの聴き手たちが目の前にいない礼拝において、一人の聴き手を通して、聴衆が恵みの賜物であることを発見する。一人の個別な存在を通して、一つの礼拝共同体の存在を再発見する。そんなかけがえのない経験をさせられたのでした。

もう一人は私の母です。東京基督教大学の女子寮主事の働きを定年で終えてから、私たちの教会の近くに住み、以来召されるまでの約二〇年、他教会での説教奉仕があるときは早朝礼拝に出席してから出かけて行き、そうでなければほぼ毎週、朝・夕の礼拝をはじめ、祈禱会、家庭集会、その他ありとあらゆる集会に出席し、また周囲の方々に出席を励まして、よきみことばの聴き手の模範となってくれた母でした。息子である私を神のみことばの仕え人として認め、その口を通して語られるみことばを、まさに人のことばとしてでなく、神のことばとして受け取り、それに従っていく信仰の姿を証しし、教会の仲間たちを励まし続けてくれた母の残していった数冊の説教ノートを読んで、母の信仰の土台に終生変わらずあり続けたのが、神のみことばへの集中、聴従、服従であり、それをもって、教会を建て上げる信仰の姿勢を身をもって証ししてくれたのだと思います。

母が召されてしばらくした頃、教会で思い出を語る集いを開いてくださいました。その時にある教会員の方が母についてのこんなことばを語ってくださいました。

「満喜子先生は晩年よく、『勝の説教が主人にどんどん似てきてるのよ』と嬉しそうにおっしゃっていました。私は茂先生のことを直接存じ上げなかったので、てっきり背格好とか、話すテンポの速さとか、声の高さとかが似ているということなのかと思いました。けれども満喜子先生は、むしろ、『福音の語り口が似ているのよ』とおっしゃっていました。……いつも背筋をピンと伸ばし、きれいな字でメモを取り、時にはうなずき、時には笑い、時には深くまぶたを閉じ、御言葉にいつも応答することを、身を以て体現なさっていたように思います。そういう意味では、私たち信徒の何よりの見本としてご自身の生涯をお捧げくださった方であると思います。いま改めて満喜子先生が御言葉に忠実に生きられ、そこから福音の慰めを具体的に生きられた姿を思い起こしながら、私たちもまた、心を新たにし、御言葉に聞き、福音の慰めに生きる教会でありたいと心から願っています」。

私たちはまことの羊飼いなる主イエス・キリストに招かれ、主イエス・キリストの十字架のゆえに救いにあずかり、主イエス・キリストの養われる羊の群れの一員とされました。そして毎主日ごとに呼び集められて礼拝に集います。

晴れの日も、雨の日も、爽やかな初夏の日も、寒さに凍えるような冬の朝も。ある人は教会の仲間たちに会うことを楽しみにしながら。ある人は初めて勇気を出して誘ってみた友だちと待ち合わせをしながら。ある人は「今日は心が重いな、礼拝どうしようかな」と躊躇いつつもとにかく支度をして。若い親たちは子どもたちにご飯を食べさせ、仕度をさせ、「はやく、はやく」と急かしながら。ある若者はただただ眠いのに、親に無理やりたたき起こされ、半分寝癖のついたままの姿で。

ある青年は昨晩遅くまで仕事に追われ、重い体を無理やり奮い立たせて。ある高齢者は「今日が最後の礼拝になるかもしれない」と一回、一回の礼拝を尊ぶ思いで杖をつき、迎えの車を待ちながら。

それでも、羊飼いなる主イエスの招きにあずかり、いつもの通い慣れた道を通って教会に着き、CSや受付の準備、印刷物の配布やお昼の仕度、午後の役員会の準備を済ませ、それぞれが礼拝堂のいつもの席に着きます。ことばは交わさずとも互いの顔を見ては安心し、初めての顔があればうれしくなり、久しぶりの顔があれば喜び、いつもの顔が見えないと気になり、しかししばらくすると目を閉じ、礼拝に備えて心静めて時を待ちます。

やがて前奏とともに礼拝が始まり、賛美を献げ、祈りを献げ、みことばが朗読され、そして説教者が口を開き、その日のために備えられた説教を通して、今日、この日、キリストが語ってくださるみ声に聴きます。そのみことばは確かに「語られた」みことばであり、「聴かれた」みことばです。そしてその礼拝から派遣されて、それぞれがまた新しい日々へと遣わされていきます。

こうして始まる日々の中で、あの礼拝で「語られ、聴かれた」みことばが、確かに「生きられる」みことばとして私たちを生かし、私たちの生活の中で具体的に姿形をとって現れ、そこにキリストの香りが放たれ、一つまみの地の塩として、小さな灯火として、しかしその存在がこの世界を聖化へと一歩推し進め、闇の深い世界にキリストの栄光を照らし出すものとなるのです

語られ、聴かれ、生かされてこそそのみことばを、今日も新しい期待をもって待ち望み、与えられ

た生涯をかけてそのみことばに聴き従い、みことばに生きる、その生きざまをもって主イエス・キリストの喜びの福音を証しし、宣べ伝える歩みを続けたいと願います。

「主よ、お話しください。僕は聴いております」（サムエル下3・9、10）。

あとがき

本書は、前職の東京基督教大学のオンライン講座「どこでもTCUエクステンション」の二〇二二年度春学期に行われた「語られ、聴かれる神のことば――説教の聴き方」という全八回の講座でお話ししたものをベースにしたものです。その一部はすでに拙著『大いに喜んで――ヨハネの手紙第二、第三講解説教』（教文館、二〇二二年）に「付論　語られ、聴かれ、生きられるみことば――説教を巡る小さな論考」として掲載しました。今回はそれらの内容を全面的に見直し、大幅に書き加えたものです。

本文でも触れたことですが、これまで日本同盟基督教団西大寺キリスト教会、東岡山キリスト教会、徳丸町キリスト教会、そして東京キリスト教学園との兼任でお仕えした市原平安教会の四つの教会で牧師として奉仕し、特にこの三年間、所属教団の関係や奉職していた東京キリスト教学園の関連でお訪ねすることになったり、お招きいただいたりした全国約一〇〇以上の教会で、多くの牧師、信徒の方々と語らう中で、みことばの「語り手」の悩み、「聴き手」の悩みの双方をお聞きすることがしばしばありました。

そこでお話をうかがう中で、同労の牧師たちの多くが「説教が伝わらない」と自分の説教者のあり方に悩みを抱え、このままではいけないと思いつつさまざまな学びやセミナーに出席するが、なかなか目に見えた変化を感じられないとの悩みを打ち明けられることがありました。また信徒の方からは「説教で満たされない」と自分の信仰の未熟さを嘆き、牧師に対する不満のような気持ちを持ってしまう自分を責め、思い悩み、「教会を変わりたいが、どう思うか」という切羽詰まった相談を受けることもありました。そして牧師と信徒がそのようなテーマについて互いに胸襟を開いて話をする機会が少ないこと、それによってお互いの思いのすれ違いや微妙なズレが解消されないまま、むしろ広がってしまうこと、そしてそもそも説教の聴き方について学ぶ機会や書物が少ないことに気づきました。

そんな中で開催した上記の講座に多くの牧師・信徒の参加者があり、さまざまなレスポンスをいただく中で、このようなテーマについての関心とニーズが高いことを知らされ、自分の非力も省みず、一度きちんと取り組んでみたいという思いが与えられた次第です。

語り手よりも聴き手が圧倒的に多い教会で、貧しい内容であっても、みことばの聴き手の方々に焦点を当てた書物が一冊でも増えることは、何かしらの益になるのではないかとも考えました。その考えが的外れでないことを願っていますが、同時にその判断も読者の皆さまにお委ねすべきものと思います。

本文には記しませんでしたが、本書の執筆を後押ししてくれた、忘れられない説教聴聞の経験があります。私は二〇二三年一二月に心身の不調を覚え、「うつ的傾向を伴う適応障害、二か月程度の休養が必要」の診断を受けて、二〇二四年二月末まで静養生活に入りました。初めての経験で自分の身に起こったことに驚きながらも、家族や周囲の方々の祈りと理解と協力によって自宅を離れて静養の場と時を与えられました。この間、礼拝は奉仕していた市原平安教会の礼拝をネット配信していただき、妻と二人で静養先から参加していました。

その後、三月には大学に復帰することができたのですが、この間、大学理事会のさまざまな議論があり、結論として三月末で理事長を辞任することになりました。復帰の心積もりでリハビリに励んでいたところに思いがけない結論を伝えられ、三月は大きな試練の時でした。

自宅に戻った三月以降も、実際に教会の礼拝に集うのはまだ難しく、私一人自宅で続けて市原の礼拝にオンラインで出席していましたが、この間、マクドエル牧師が毎週ルカの福音書の講解説教を続けておられました。ある主日、特に心が酷く落ち込んでいた時に聴いたのが、主イエスが洗礼者ヨハネから洗礼を受けられた際の天の父からのみ声でした。3章22節、「あなたはわたしの愛する子。わたしはあなたを喜ぶ」（新改訳2017）とのみことばでした。なかなか自分の置かれた状況を受け入れられずに苦しんでいたとき、このみことばによって、自分自身が御子の贖いのゆえに御父の子として受け入れられている事実を確認させられたのでした。

もう一つは、四月に小さな手術のために一週間ほど入院していた際に、アメリカのプリンストン大学で在外研究中だった青山学院大学の森島豊先生が「よかったら聴いてください」と言って送ってくださった、使徒言行録16章25節から34節の説教です。獄中のパウロとシラスを大地震が襲い、それをきっかけに看取とその家族が救いに導かれる箇所からの説教でした。「どうしてこんなことが起こるのか？」、「どうしてそれが今なのか？」との問いかけで始まった説教は、そこに神の招きがある、救いへの招きがあることを明確に語る説教で、ベッドの上で繰り返し聴いた説教でした。どちらも主が語ってくださったみことばであり、確かに私を生かしてくれた説教でした。

私の願いは、このような幸いな説教聴聞の経験を一人でも多くの方々が経験してくださることです。そのために、この拙い本が何かのきっかけとなって、教会でみことばの語り手と聴き手がともに学び合うような機会が増えること、そしてみことばの語り手である説教者がますます確信をもって神のみことばを生き生きと語るようになり、みことばの聴き手たちがますますみことばのいのちに養われ、力を得て新しい日々に遣わされていき、そのようにして語られたみことばが、聴かれ、生きられるみことばとして力を発揮することが起これば幸いです。

そのようにして「生きられるみことば」によって「生かされる」一人ひとりの存在こそが何よりの主の証しであり、この社会にあって、福音伝道の器となることを確信しています。

このような書物の意義を認めて、出版の道を開いてくださった教文館の渡部満社長、いつもながら構想段階からよき示唆を与えてくださり、伴走してくださった編集者の髙木誠一さんに感謝します。

本書は、ともに礼拝をささげ、みことばを語り聴く交わりを与えられた、これまでの奉職教会の愛する兄弟姉妹方におささげします。

二〇二四年、母の召天三年を覚えて

朝岡　勝

《著者紹介》

朝岡 勝（あさおか・まさる）

1968年生まれ。東京基督教短期大学、神戸改革派神学校卒業。日本同盟基督教団西大寺キリスト教会、東岡山キリスト教会、徳丸町キリスト教会牧師、東京キリスト教学園理事長・学園長を経て、現在、日本同盟基督教団市原平安教会牧師。

著書　『教会に生きる喜び』、『大いに喜んで』、『聞き書き　加藤常昭』（共著）、『香港の民主化運動と信教の自由』（共著）、『夜明けを共に待ちながら』（共編著）（以上、教文館）、『〈あの日〉以後を生きる』、『ニカイア信条を読む』、『ハイデルベルク信仰問答を読む』、『増補改訂「バルメン宣言」を読む』、『剣を鋤に、槍を鎌に』、『喜びの知らせ』、『光を仰いで』、『三位一体の神と語らう』、『信じること、生きること』（以上、いのちのことば社）ほか多数。

説教の聴き方――語られ、聴かれ、生きられるみことば

2025年1月30日　初版発行

著　者　朝岡　勝

発行者　渡部　満

発行所　株式会社　教文館

〒104-0061 東京都中央区銀座4-5-1　電話 03(3561)5549　FAX 03(5250)5107

URL http://www.kyobunkwan.co.jp/publishing/

印刷所　モリモト印刷株式会社

配給元　日キ販　〒112-0014　東京都文京区関口 1-44-4

電話 03(3260)5670　FAX 03(3260)5637

ISBN978-4-7642-6184-6　Printed in Japan